Schneller, besser, kürzer:
Professionell schreiben

Dr. Valentin Zahrnt

Prenzlauer Allee 230
10405 Berlin

Version 2.1 (Mai 2015)
ISBN-13: 978-1493677733
ISBN-10: 149367773X

Inhalt

Einleitung

„Wurstelst du noch oder schreibst du schon?“, resümierte eine Teilnehmerin beim Abschluss eines meiner Workshops zum professionellen Schreiben. Und eine Rezensentin titelte „Konzept statt Kuddelmuddel“. Genau darum geht es in diesem Ratgeber: für den oft wenig durchdachten Vorgang des Schreibens einen **effizienten Prozess** zu entwickeln.

Eine Frage zwischendurch: Wie fährt man Rad? „Ja, also man setzt sich auf den Sattel und greift den Lenker, und dann tritt man in die Pedale, und, ähm, man darf eben nicht das Gleichgewicht verlieren“ – so in etwa klingt die Antwort bei den meisten Menschen. Das reicht für den Sonntagsausflug. Aber Mountainbike-Profis analysieren die Bewegungsabläufe bis ins Detail. Das Gleiche gilt für Tennisspieler oder Golfer. Alle **Profis** wollen genau verstehen, was sie wie tun – um es dann noch besser zu machen.

„Das sind ja auch Profis, die leben davon“, könnten Sie einwenden. Dann rechnen Sie einmal zusammen, wie viele Stunden Sie mit dem Schreiben verbringen. Zählen Sie alles, was Sie im Laufe eines Bürotages verfassen, von der dreizeiligen E-Mail bis zum vielseitigen Bericht. Höchstwahrscheinlich ist Schreiben eine der wichtigsten Tätigkeiten Ihres Berufs. Eine **Kernkompetenz**, um Wissen zu vermitteln, Menschen zu überzeugen und Vertrauen zu gewinnen.

Unsere Texte entscheiden mit über den **Erfolg** unserer Arbeit – und damit unserer Karriere. Wie gut sind wir dafür vorbereitet? Schlecht!

In der **Schule** geht es um Rechtschreibung und Grammatik, dann um Besinnungsaufsätze, Poesie und Literatur, aber nicht darum, wie man klare Gebrauchstexte verfasst. Viele Stilregeln aus dem Deutschunterricht sind sogar kontraproduktiv. Den Schülern wird eingebläut: „Fangt Sätze nicht mit Ich an“, „Jeder Satz braucht ein Verb“, „Schreibt gehoben, verwendet ausgefallene Wörter, bildet komplizierte Sätze“, „Wiederholt keine Worte“. Doch wenn eine Kuh im nächsten Absatz zum Paarhufer und sodann zum Wiederkäuer mutiert, hat der Leser am Text zu knabbern, bis er merkt, dass immer das gleiche Tier gemeint ist.

An der **Universität** motzen viele Akademiker Banalitäten mit Sprachbrimborium auf und erziehen die Studenten zu einem prätentiösen, nebulösen Stil.

Im **Beruf** schließlich bilden wir uns in Projektmanagement oder Personalführung fort, aber doch nicht im Schreiben – das können wir selbstverständlich. Bloß woher denn?

Entsprechend zeigen Erfahrung und Studien: Die meisten Menschen können durch gezieltes **Training** ihre Schreibfähigkeiten erheblich verbessern. Im Schreiballtag können sie die neuen Fertigkeiten dann anwenden und weiterentwickeln.

Welchen Nutzen stiftet dieser Ratgeber?

Eine Besonderheit dieses Ratgebers ist, dass er auf den gesamten **Schreibprozess** eingeht: von der Vorbereitung bis zur Überarbeitung. Denn zu wissen, wie gelungene Texte aussehen, ist schön – entscheidend ist, wie man zu ihnen gelangt.

Abb. 1: Der Schreibprozess

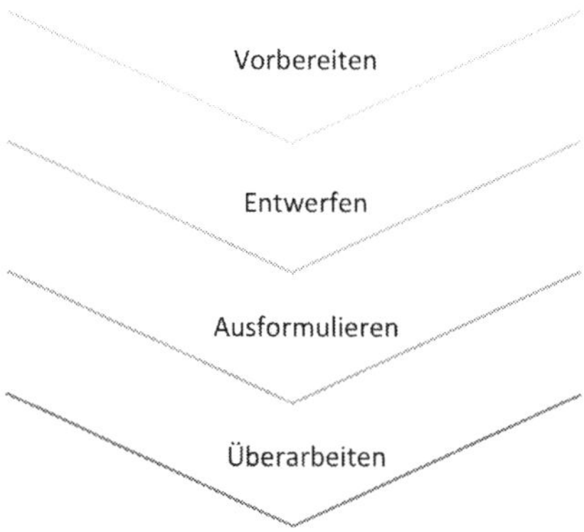

Mit diesem Prozess lernen Sie erstens, **schneller** zu schreiben. Das wird Sie überraschen, denn ich empfehle, mehr Zeit ins Vorbereiten, Entwerfen und Überarbeiten von Texten zu investieren. Doch diese Zeit machen Sie beim Ausformulieren mehr als wett. Besonders Menschen, die beim Schreiben mit inneren Widerständen kämpfen, hilft ein strukturierter Prozess. Wer in kleinen, bewährten Schritten vorgeht, lässt sich von der leeren Seite nicht lähmen.

Zweitens werden Sie bessere Texte verfassen. „**Besser**" bezieht sich dabei auf mehr als nur auf einen schöneren Stil.

- Richtigkeit: Sie vermeiden Widersprüche, Lücken und Ungenauigkeiten.
- Leserorientierung: Sie passen Inhalt, Struktur und Stil an die Leser an.
- Klarheit: Die Leser nehmen Informationen leichter auf und behalten sie länger.
- Argumentative Wirkung: Die Leser lassen sich eher überzeugen.
- Emotionale Wirkung: Die Leser empfinden Vertrauen und Sympathie.

Damit geht drittens einher, dass Ihre Texte **kürzer** werden. In der Regel werden Sie weniger Worte brauchen, um Ihre Botschaft ansprechend zu vermitteln. Wichtiger noch: Die Leser werden weniger Zeit benötigen, um alle Informationen zu verarbeiten. Das ist das eigentliche Maß für die Kürze eines Textes.

An wen richtet sich dieser Ratgeber?

Der Ratgeber hilft allen, die **Gebrauchstexte** verfassen. Solche Texte sollen informieren, überzeugen, motivieren. Sie dienen nicht primär dem kreativen Ausdruck des Autors oder dem ästhetischen Genuss des Lesers. Es geht um Handwerk, nicht um Kunst.

Formen von Gebrauchstexten

E-Mails	Briefe	Web-Texte
Newsletter	Angebote	Verträge
Projektpläne	Protokolle	Berichte
Analysen	Strategien	Visionen
Zeitungsartikel	Presseerklärungen	Reden
Positionspapiere	Studien	Fachbücher

Ein professioneller Schreibprozess zahlt sich besonders bei anspruchsvollen Texten aus, die

- lang und dicht sind, also viel Information enthalten
- kompliziert oder ungewohnt sind, also viel Denkarbeit erfordern
- wichtig sind, also optimal gelingen müssen.

Ebenso wie sich der Schreibprozess auf ganz verschiedene Textformen anwenden lässt, können auch unterschiedliche Zielgruppen profitieren:

1. **Studenten und Berufseinsteiger**, die erstmals in größerem Umfang Gebrauchstexte verfassen und das professionell angehen möchten
2. **Ungern-Schreiber**, die eine Schwäche überwinden und vielleicht sogar eine Stärke daraus machen wollen
3. **Nebenbei-Schreiber**, die sich nie viele Gedanken über ihr Schreiben gemacht haben, jetzt aber feststellen, dass sich hier zu investieren lohnt
4. **Viel-Schreiber**, die sich bereits mit den Merkmalen gelungener Texte auseinandergesetzt haben und nun auch den Schreibprozess optimieren möchten.

Ist der Ratgeber also allen zu empfehlen, die Gebrauchstexte verfassen? Nicht ganz. Der Ratgeber ist kompakt und erfordert Konzentration. Er richtet sich an Vielbeschäftigte, die weder amüsante Stilblütensammlungen durchblättern noch aufgespießte Satzmonster belächeln wollen. Ebenso verzichtet er auf Übungsaufgaben und lädt die Leser stattdessen ein, in der alltäglichen Schreibpraxis zu trainieren.

Wie geht dieser Ratgeber vor?

Der Aufbau folgt dem Schreibprozess. In **Kapitel 1** finden Sie Hinweise, wie Sie sich vorbereiten können, indem Sie sich auf den Leser einstellen, die Kernbotschaft herausarbeiten und die Eckpunkte des Textes früh abstecken. Dazu gehört auch, dass Sie größere

Schreibprojekte planen und Material und Ideen sammeln. So vermeiden Sie böse Überraschungen und Hetze – und Sie geben Ihrem Unterbewussten Zeit, Vorarbeit zu leisten.

In **Kapitel 2** wird erläutert, wie Sie detaillierte Konzepte entwickeln, mit denen Sie Ihre Texte anschließend leicht ausformulieren können. Indem Sie erst Inhalt und Struktur durchdenken und danach formulieren, konzentrieren Sie sich auf den jeweiligen Schritt. Außerdem erlangen Sie schneller den Überblick und ersparen sich mühselige Umstellungen im ausformulierten Text.

Vom Ausformulieren handelt **Kapitel 3**. Hier werden Sie nicht mit Stilfibel-Regeln überschüttet. Es geht um das Wesentliche: wie Sie mit wenigen guten, angemessenen und aktiven Worten klare und anregende Sätze und Absätze schaffen.

Schließlich sollten Sie den Text überarbeiten. Dazu finden Sie Ratschläge in **Kapitel 4**. Ziel ist es, Distanz zum eigenen Text zu gewinnen und ihn dann systematisch und fokussiert zu verbessern. Dabei spielen Auswahl und Einsatz von Kommentatoren eine große Rolle.

In **Kapitel 5** sammeln sich ergänzende Hinweise. Dazu zählen die optische Gestaltung, das Ablegen und das Wiederverwerten von Texten und das kontinuierliche Lernen.

In **Kapitel 6** finden Sie Tipps zu besonderen Textformen: Geschäftsbriefe, E-Mails, Angebote, andere vertragsrelevante Texte, Protokolle, PowerPoint-Präsentationen, Web-Texte und Pressemitteilungen.

Der Ratgeber schließt in **Kapitel 7** mit einem 10-Punkte-Credo zum guten Schreiben.

Für den gesamten Ratgeber gilt: Suchen Sie sich alle Techniken heraus, die Sie interessieren. Passen Sie diese für Ihren Bedarf an. Und verwenden Sie jeweils diejenigen, die sich für Ihren aktuellen Text eignen. Es geht nicht darum, „alles richtig zu machen“, sondern sein persönliches Handwerkszeug zu entwickeln.

Wer steckt dahinter?

Seit meiner Promotion in Ökonomie im Jahr 2004 verfasse ich Positionspapiere und Presseerklärungen, Zeitungsartikel und Blogbeiträge – zuletzt als Senior Fellow bei einem Think Tank in Brüssel. Gelegentlich überarbeite ich zudem Texte für Auftraggeber.

Seit 2012 ist etwas ganz Neues hinzugekommen: belletristische Essays, Thriller und Romane. Dabei habe ich gelernt, wie das Denken in Szenen und Spannungsbögen auch Gebrauchstexte lesenswerter macht.

Zehn Jahre lang habe ich Notizen über das Schreiben gesammelt und zu einzelnen Aspekten kurze Leitfäden veröffentlicht. Nun kondensiere ich das Wichtigste aus all den Erfahrungen in diesem Ratgeber.

Sollten Sie darüber hinaus Hilfestellung wünschen, biete ich Ihnen gerne Workshops an. Mehr dazu finden Sie auf www.professionell-schreiben.de.

1. Vorbereiten

Ein Text beginnt nicht mit dem ersten Wort, sondern mit dem ersten Gedanken. Und ehe man das erste Wort schreibt, sollte man sich einige Gedanken gemacht haben. Wie viele, das hängt vom Schreibprojekt ab. Es geht nicht darum, dass Sie jeden der folgenden Punkte jedes Mal bewusst abchecken, sondern dass Sie sich angewöhnen, intuitiv die angemessenen Schritte auszuführen.

Bei der E-Mail kann sich die Vorbereitung darauf beschränken, dass Sie kurz innehalten und denken: „Ich erinnere Herrn Schmidt an das Treffen morgen. Der bringt gerne Dinge durcheinander, da sollte ich ihn erinnern, was er vorzutragen hat." Bei einem Angebot oder einem Zeitungsbeitrag können Sie sich dagegen über mehrere Tage hin gelegentlich Gedanken machen. Wichtige, umfangreiche Texte sind Projekte, die ein ordentliches Projektmanagement verdienen.

Abb. 2: Aspekte der Vorbereitung

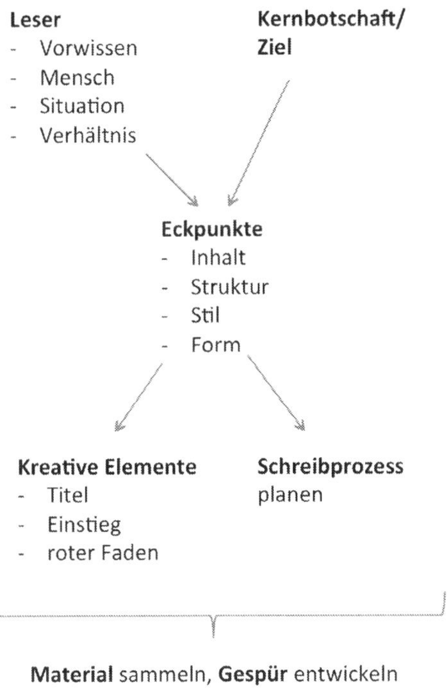

1.1 Auf den Leser einstellen

Damit der Leser Sie versteht, sollten Sie zuerst den Leser verstanden haben. Das ist leichter, wenn Sie ihn kennen – und umso wichtiger, schließlich erhofft oder erwartet er dann, dass Sie auf ihn eingehen.

Überlegen Sie:

- Wie steht es mit **Vorwissen** und Aufnahmevermögen des Adressaten? Wie mit seinen Ansichten und Interessen?
- Welche Sprache spricht er? In welcher Welt lebt er? Was ist er für ein **Mensch**?
- In welcher **Situation** steckt er aktuell – als Person und als Teil einer Organisation?
- Wie ist Ihr **Verhältnis** zu ihm? Wo sind sensible Stellen? Was wünscht er sich von Ihnen?

Beim Individualisieren des Textes sollten Sie darauf achten, dass andere ihn **unvorhergesehen lesen** könnten. Das kann zu einem späteren Zeitpunkt erfolgen, zum Beispiel bei einem Personalwechsel oder bei einem Streit, der zur Chefsache wird.

Wenn Sie den Adressaten nicht näher kennen, sollten Sie sich trotzdem so weit als möglich in ihn hineinversetzen. Irgendwelche **Hinweise** haben Sie immer: Für welche Organisation arbeitet er? Auf welcher Hierarchiestufe? In welcher Funktion? Sie werden einen jungen Vertriebler anders ansprechen als den Leiter der Forschungsabteilung. Um sich noch genauer einzustellen, können Sie Texte des Adressaten/seiner Organisation studieren.

Anhaltspunkte haben Sie auch bei Texten für eine breite **Leserschaft**. Nehmen wir an, Sie schreiben einen Artikel über die Klimaveränderung. Erscheint der Text in einem Unterhaltungsmagazin, das ausnahmsweise etwas übers Klima bringt, oder in einer gehobenen Tageszeitung? Und: Ist gerade ein Hurrikan über die Karibik bis in die deutschen Abendnachrichten gezogen oder sprechen alle vom neuesten Berliner Skandal und interessieren sich nur für das innenpolitische Klima?

Auch in diesem Fall kann es nützlich sein, sich einen **konkreten Leser** vorzustellen. Noch besser sprechen Sie mit realen Menschen, die Ihren Lesern ähneln.

1.2 Kernbotschaft/Ziel herausarbeiten

Unternehmensberater und Marketingexperten sind bekannt für technisch versierte, datenlastige Methoden. Aber eine ihrer Hauptaufgaben besteht schlicht darin, immer wieder zu fragen: Warum gibt es dieses Unternehmen oder Produkt? Fragen Sie sich genauso beharrlich: Warum schreibe ich diesen Text? Was will ich damit sagen? Was ist meine **Kernbotschaft**?

Oft sagt man sich: „Das ist doch selbstverständlich. So einen Text habe ich schon hundert mal geschrieben." Dann schadet es nicht, das Offensichtliche rasch in Stichpunkten festzuhalten. In aller Regel entdeckt man dabei doch **Besonderheiten**, die man nicht hinreichend durchdacht hat.

Nehmen wir ein Projekt-Angebot. Klare Sache, Sie wollen sich gut darstellen und der Kunde soll den Auftrag erteilen. Aber was sind die ein bis drei entscheidenden Faktoren, die diesen Kunden für Sie gewinnen können? Müssen Sie ihm vor allem vermitteln, dass Sie ihm zugehört und eine bestimmte Sorge begriffen haben? Dass Sie kompetent und erfahren sind und den Weg kennen? Dass Sie bereit sind, mit ihm nach dem richtigen Weg zu suchen, und es aushalten, wenn der Projektstart schwierig wird? Sie müssen **Prioritäten** setzen, auf die Sie anschließend alle Aspekte des Textes ausrichten.

1.3 Die Eckpunkte des Textes festlegen

Sie haben nun eine Vorstellung über den Leser und das Ziel, das Sie mit dem Text bei diesem Leser erreichen wollen. Jetzt geht es um das Wie – also um die Eckpunkte des Textes hinsichtlich **Inhalt, Struktur, Stil und Form**. Dabei steht Form für Entscheidungen wie „Brief oder E-Mail?", „Länge?", „Katalog mitschicken oder auf Webseite verweisen?"

Beispiel: Eckpunkte für einen Serienbrief

- einseitiger Brief, zusätzliche Information per Flyer
- an 200 bestehende Kunden, die wir über die Sortimentserweiterung informieren möchten
- Herausforderung: einige Kunden haben davon schon gehört, andere nicht; mit einigen sind wir häufig in Kontakt, mit anderen seit Monaten nicht mehr
- signalisieren, dass wir trotz Verlust von Marktanteilen ein zukunftsträchtiger Partner sind; Investitionen in Entwicklung und neue Fertigungsstätte erwähnen
- ein kleines Geschenk beifügen, aber nicht Rabatt bei schneller Bestellung o.ä. – Botschaft des Briefes nicht: „Kauf jetzt!“, sondern: „Wir sind Ihr Partner.“
- Stil: klar und souverän; ruhiger Optimismus

Während Sie die Eckpunkte des Textes entwickeln, sollten Sie immer den **Möglichkeitssinn** aktivieren. Denken Sie in Alternativen:

- Vielleicht wäre es besser, Sie würden die Mitarbeiter den Jahresrückblick selbst schreiben lassen, statt wie sonst die PR-Abteilung dranzusetzen?
- Vielleicht sollten Sie den säumigen Lieferanten lieber anrufen, als ihm einen verärgerten Brief zu schicken?
- Vielleicht können Sie die Erfolgsmeldung in einem kurzen Film eindrücklicher vermitteln als auf Papier?

1.4 Kreative Elemente durchdenken

Bei geschäftlichen, personalisierten Schreiben genügt Klarheit: Machen Sie gleich deutlich, was das Thema ist und was Sie vom Adressaten erwarten. Wenn Sie allerdings in Konkurrenz zu anderen Texten stehen oder Ihr Schreiben ungelesen im Mülleimer landen könnte, müssen Sie den Leser mit Kreativität für die Lektüre gewinnen.

Hier lautet das erste Gebot: Investieren Sie in den **Titel** und alles, was dazugehört – Untertitel oder Locksätze, sogenannte Teaser. (Sie haben einen witzigen Titel, nur verdeutlicht der den Inhalt des Textes nicht hinreichend? Kein Problem, fügen Sie einfach einen nüchternen Untertitel hinzu.)

Und dann: Laufen Sie sich beim **Einstieg** in den Text nicht warm. Sprinten Sie los! Involvieren ist zunächst wichtiger als Informieren. Ihr Arsenal:

- Fragen und Paradoxa, die zum Denken anregen
- überraschende Fakten, von denen Sie eine Brücke zu Ihrem Thema schlagen können
- Provokation, zum Beispiel indem Sie mit einer allgemein akzeptierten Aussage beginnen und sich dann überraschend widersprechen
- Personalisierung, indem Sie von dem armen Kind und der mächtigen Bundeskanzlerin erzählen
- Sprachwitz und Humor.

Mit Titel, Teaser und Einstieg wecken Sie Interesse, und Sie signalisieren Qualität. Ein Autor, der es schafft, mit wenigen Worten einen geistreichen, witzigen oder spannenden Zugang zu eröffnen, hat vermutlich auch im Rest des Textes etwas zu bieten. Außerdem stimmen Sie den Leser positiv. Was immer folgt, er wird es wohlwollender aufnehmen.

Kreativität brauchen Sie auch nach dem Einstieg, nämlich für den **roten Faden und die Bildersprach**e. Überlegen Sie, was zum Thema, aber auch zu Ihnen und zum Leser passt. Achten Sie auf Originalität. „Eine Fusion ist wie eine Ehe, und die Ehe ist wie eine Schifffahrt" – Flaute. Aber wenn das eine Unternehmen am Rhein beheimatet ist und der Hauptsitz des anderen an einem Gebirgsbach steht, lässt sich das Bild beleben.

Solch kreative Leistung können Sie schlecht auf Kommando erbringen. Sie sollten sich also schon im Vorfeld Gedanken machen.

Dabei sollten Sie einen **mentalen Modus** aktivieren, der Kreativität begünstigt. Nehmen Sie sich bunte Marker und lassen Sie einige Mind-Maps auf dem Flipchart explodieren! Machen Sie etwas früher Feierabend und spielen Sie mit den Kollegen bei einem Bier witzige Formulierungen durch!

Daraus folgt nicht, dass Kreativität sich mit einem systematischen Prozess beißt. Im Gegenteil, die analytische Vorarbeit schafft den **Kristallisationspunkt**, von dem aus sich die kreativen Gedanken verästeln können. Wenn Sie sich über Kernbotschaft und Leser im Klaren sind, können Sie der Fantasie freien Lauf lassen.

Einmal schickte mir ein Teilnehmer als Feedback, dass mein Workshop ihn ermutigt habe, ein Gedicht zu schreiben. Sich erst zu überlegen, was man überhaupt sagen wolle, und es dann auszuformulieren, ohne große Erwartungen, einfach als ersten Entwurf, der ohnehin noch überarbeitet werden muss – diese strukturierte Herangehensweise entlastete ihn so, dass er aus einer Inspiration ein Gedicht machen konnte. Das ist ein extremes Beispiel für einen allgemeinen Zusammenhang: Je systematischer, routinierter und effizienter der Schreibprozess, desto freier ist der Kopf für kreative Gedanken.

Das beantwortet auch die alte Frage: „Überschriften gleich machen oder zum Schluss?" Das kommt darauf an, und manchmal kommt es, wie es kommt – Hauptsache, erst die Denkarbeit! Viele Menschen wollen die Überschrift festzurren, weil Ihnen sonst der Text davonschwimmt. Die Überschrift hält als Anker her, weil ein klares Konzept fehlt. Wenn Sie dagegen den Text systematisch vorbereiten und entwerfen, ergibt sich das **Timing der Überschrift** unaufgeregt aus dem Arbeitsfluss.

1.5 Den Schreibprozess planen

Bei umfangreichen Texten sollten Sie im **Kalender** Arbeitszeiten und Meilensteine eintragen.

Beachten Sie dabei:

1. Reservieren Sie sich **ungestörte Zeitblöcke**, während derer Sie sich ganz auf den Text einlassen können.
2. Nehmen Sie sich Schreibaufgaben vor, wenn Sie dafür **in Form** sind. Nach einem Tag harter Verhandlungen fällt es schwer, ein technisches Problem präzise zu schildern.
3. Sie sollten sich **Schreibpausen** verordnen, um Einfälle zu sammeln und Abstand zu gewinnen. Rechnen Sie mit zusätzlichen Wartezeiten, wenn Sie mit anderen zusammenarbeiten.
4. Besprechen Sie früh, von wem Sie wann welche **Kommentare** wünschen. So bekommen Sie pünktlicher hochwertigere Rückmeldungen.
5. Planen Sie zusätzlich **Reserven** ein. Gute Texte reifen – während des ihnen angemessenen Zeitraums und nicht in den letzten Minuten vor Mitternacht. (Manche Menschen erklären, dass sie ohne Druck nicht schreiben können. In solchen Fällen lohnt es sich, die Ursachen zu suchen und anzugehen.)

Machen Sie es sich zur Gewohnheit, den Fortschritt ehrlich zu **kontrollieren** und gegebenenfalls den Plan anzupassen.

Um verlässlich planen zu können, benötigen Sie **Erfahrungswerte**. Notieren Sie also gelegentlich, wie viel Zeit Sie geschätzt haben und wie viel Zeit Sie tatsächlich für die verschiedenen Arbeitsschritte bei unterschiedlichen Textformen benötigen.

1.6 Material sammeln, Gespür entwickeln

Wenn Sie die Eckpunkte des Textes abstecken und das Projekt bewusst beginnen, passiert etwas Wunderbares: Ihr **Unterbewusstes** gleitet zur Tat.

Helfen Sie Ihrer Muse!

1. Laden Sie sie ein! Signalisieren Sie ihr, dass sie sich um einen Text kümmern möge, indem Sie ihn auf die **mentale Agenda** setzen. Vielleicht denken Sie vor dem Einschlafen kurz und positiv an den anstehenden Text.

2. Verbringen Sie Zeit mit ihr! Verlassen Sie das Büro für einen **Spaziergang** oder setzen Sie sich zu Hause in den Lehnstuhl. Je schwerer Ihnen das angesichts der Arbeitsbelastung fällt, desto wichtiger ist es. Wer ständig rennt, den holen die Ideen nicht ein.

3. Seien Sie dankbar! Bewahren Sie sorgsam auf, was Ihre Muse Ihnen schenkt. Machen Sie möglichst rasch **Notizen**, und zwar so, dass Sie sie auch später noch eindeutig nachvollziehen können.

4. Überfordern Sie Ihre Muse nicht! Es muss nicht alles Ihrem Innersten entspringen. Halten Sie die Augen offen und sammeln Sie passende Zitate, Anekdoten, Bilder, Links – **Informationsschnipsel** aller Art. Möglicherweise finden Sie auch Vorlagen, die Sie oder Kollegen früher einmal geschrieben haben.

5. Sprechen Sie über Ihr Thema mit Freunden, Fachleuten und Ihrem Friseur! Selbst wenn Sie keine neuen Ideen bekommen, erlaubt der **Austausch**, Gedanken zu vernetzen, deren Tragfähigkeit zu prüfen und das Wesentliche herauszuarbeiten. Achten Sie darauf, wenn Sie Ihre bisherigen Ideen schildern, Raum für neue offenzuhalten.

Wenn Sie mit Ihrem Unterbewussten zusammenwirken, werden Sie bei jedem Arbeitsschritt feststellen, wie leicht sich die Gedanken und Worte finden lassen. Und wenn Sie schließlich den fertigen Text in den Händen halten, wird dieser farbiger, humorvoller und menschlicher wirken.

1.7 Zusammenfassung

Auf den Leser einstellen

- ✓ Sich in den Adressaten einfühlen: Vorwissen, Mensch, Situation, Verhältnis reflektieren.
- ✓ Auch bei unbekannten Lesern Hinweise suchen.

Kernbotschaft/Ziel herausarbeiten

- ✓ Die Kernbotschaft und das Ziel des Textes definieren.
- ✓ Alle Aspekte des Textes darauf ausrichten.

Eckpunkte des Textes festlegen

- ✓ Inhalt, Struktur, Stil und Form umreißen.
- ✓ Dabei in Alternativen denken.

Kreative Elemente durchdenken

- ✓ Titel, Einstieg, roten Faden und Bildersprache im Vorfeld angehen.
- ✓ Dabei einen kreativen Arbeitsmodus pflegen.

Schreibprozess planen

- ✓ Geeignete Zeitblöcke im Kalender reservieren.
- ✓ Wartezeiten und Reserven vorsehen.
- ✓ Sich mit Kommentatoren absprechen.
- ✓ Fortschritte kontrollieren.
- ✓ Erfahrungswerte für den Zeitbedarf gewinnen.

Material sammeln, Gespür entwickeln

- ✓ Den Text auf die mentale Agenda setzen, Ideen fördern und festhalten.
- ✓ Über das Projekt sprechen und Informationen aufnehmen.
- ✓ Eigene und fremde Vorlagen verwenden.

2. Entwerfen

Schreiben ist **Höchstleistung**. Der Inhalt eines Textes muss richtig und vollständig sein, die Struktur klar und angemessen, der Satzbau abwechslungsreich und eingängig, die Worte anschaulich und treffend. All diese Aspekte müssen in sich stimmig sein – und außerdem die Kenntnisse und Vorlieben der Leser berücksichtigen.

Wie bei allen großen Herausforderungen ist es beim Schreiben daher sinnvoll, **schrittweise** vorzugehen: zunächst ein Konzept für Inhalt und Struktur auszuarbeiten und erst dann den Text auszuformulieren. Dadurch können Sie sich auf den jeweiligen Schritt konzentrieren. Das ist einer der vielen Vorzüge von Konzepten – hierzu später mehr.

Natürlich benötigt man nicht für jeden Text ein Konzept. Manche Kurztexte hat man einfach im Griff. Und gelegentlich tut es gut, draufloszuschreiben und sich vom Sprachfluss tragen zu lassen. Aber Konzepte sollten der **Standard** sein, von dem man nur bewusst abweicht. Und man sollte „konzeptlos" Geschriebenes nüchtern einschätzen.

2.1 Technik

Um erfolgreich mit der „Konzept-Sprache" zu arbeiten, genügt es, einige wenige Prinzipien und Arbeitshilfen zu beachten.

Papier und Computer

Es ist oft vorteilhaft, zunächst zu **Papier und Stift** zu greifen, um Ideen zu sammeln und sich inhaltlich Klarheit zu verschaffen. Erstellen Sie, was immer zu Ihnen und der Fragestellung passt: Brainstorming-Listen, Mind-Maps, Zeit-, Entscheidungs- und Netzwerk-Diagramme. Farbige Stifte, große Papierformate, einfache Zeichnungen und skizzierte Symbole regen den Gedankenfluss an.

Anschließend ist es oft sinnvoll, ein detailliertes Konzept mit einem Textprogramm am **Computer** zu entwickeln.

- Das zwingt Ihre Gedanken in eine lineare Ordnung und nähert sie damit der Textform an.
- Ein Konzept auf dem Computer erlaubt Ihnen, mehr Information unterzubringen und diese einfacher zu ändern.
- Sie können leichter mit anderen zusammenarbeiten.
- Wenn Sie ans Ausformulieren gehen, können Sie das bereits Geschriebene weiterverwenden.

Haben Sie **Materialien** für den Text gesammelt, sollten Sie diese während der Konzept-Phase verwerten. Fassen Sie die wesentlichen Punkte im Konzept zusammen, kopieren Sie ganze Passagen herüber oder machen Sie eindeutige Verweise, welche Stellen im Material Sie nochmals lesen wollen. Hauptsache, Sie integrieren jedes Input-Dokument so, dass Sie es anschließend nicht mehr zu durchsuchen brauchen.

Struktur des Konzepts

Deutlichkeit: Betonen Sie die Struktur des Konzepts: durch viele Überschriften und Überschriften-Ebenen, durch Aufzählungen mit Punkten, Strichen und Zahlen oder durch hervorgehobene Wörter (fett, unterstrichen). Dies gliedert den Text in kleine Sinn-Einheiten – Einleitungen, Argumente, Beispiele, Übergänge, Zusammenfassungen, Schlussfolgerungen etc. Solche deutlich markierten Bausteine lassen sich schnell finden, verstehen und umstellen.

Automatisierung: Textprogramme erlauben es, Überschriften durch Vorlagen zu formatieren. Sie brauchen lediglich die Überschrift im Text zu markieren und im Menü die gewünschte Überschriften-Ebene auszuwählen. Dadurch können Sie erstens das Dokument einfach umstrukturieren, ohne manuell formatieren zu müssen. Sie können zum Beispiel eine neue Überschrift einfügen und mehrere nachfolgende Überschriften mit einem Klick zurückstufen, so dass sie Unterpunkte zur neuen Überschrift werden. Zweitens können Sie sich die Struktur des Dokuments während des Schreibens links auf dem Bildschirm einblenden lassen. Und drittens erlaubt die Verwendung von Formatvorlagen, Inhaltsverzeichnisse automatisch zu erzeugen.

Detaillierung: Erstellen Sie das Konzept so detailliert, wie dies für Ihre Zwecke günstig ist. Bei komplizierten Texten ist es vorteilhaft, möglichst alle Bausteine eines Textes bereits im Konzept detailliert auszuführen. Sie können auch unterschiedlich vorgehen: Jene Abschnitte, die Ihnen klar sind, werden nur oberflächlich skizziert, die für Sie herausfordernden Abschnitte hingegen genau ausgearbeitet. (Typischerweise geht man gerade umgekehrt vor und notiert dort am meisten, wo es einem am leichtesten fällt.) Unmittelbar bevor das fertige Konzept ausformuliert wird, kann es länger sein als der Text, der schließlich daraus hervorgeht.

Ablagen: Schaffen Sie Ablagen am Anfang/Ende der Kapitel oder des gesamten Textes, in die Sie alle Bausteine stecken, die sonst nirgends dazupassen. Wenn Sie alle Bausteine von Anfang an „richtig“ platzieren wollen, verlieren Sie Zeit. Zudem verwässern Sie Ihre Kategorien, indem Sie Unterschiedliches zusammenwerfen, oder aber Sie gehen in der Flut der Überschriften unter. Wenn Sie später das Archiv durchgehen, wird vieles wie von allein den richtigen Platz finden – oder eindeutig wegfallen.

Stil des Konzepts

Klarheit: Schreiben Sie einfach und klar – Sie brauchen sich noch nicht zu bemühen, anregend oder elegant zu klingen. Schöne Formulierungen, die Ihnen bereits einfallen, können Sie in Klammern oder Fußnoten festhalten.

Einheitlichkeit: Verwenden Sie einheitliche Begriffe. Wenn Sie Auto meinen, schreiben Sie immer Auto und nicht abwechselnd Pkw, Wagen oder motorisierter Individualverkehr. Dadurch lassen sich Texte schneller erfassen und Sie vermeiden Missverständnisse und gedankliche Unschärfen. (Achtung: Einheitlichkeit ist überraschend schwierig. In diesem Text standen lange „Konzept“ und „Entwurf“ nebeneinander – ohne beabsichtigten Bedeutungsunterschied.) Bei umfangreichen Texten und in Teams lohnt es sich, das Repertoire an

Kernbegriffen festzulegen, gegebenenfalls mit Definitionen und Synonymen (und sich auch beim Ausformulieren daran zu halten).

Kürze: Schreiben Sie Konzepte in knapper Sprache. Sie müssen sich nicht an die Grammatik halten. Verständlichkeit zählt. Eine Ausnahme ist die Einleitung: Wenn Sie das Konzept mit anderen diskutieren möchten, erleichtern Sie den Einstieg mit drei oder vier ausformulierten Eingangssätzen, die das Konzept beschreiben.

Arbeitshilfen

Standardisierte Strukturbegriffe: Sie können zum Beispiel die Argumentation strukturieren, indem Sie standardmäßig HYPOTHESE, ARGUMENT, SCHLUSSFOLGERUNG vor die betreffenden Textteile stellen. Tun Sie dies häufig, bieten sich Abkürzungen und Symbole an: HYP, WEIL, →.

Kommunikations-Hinweise: Mit der extrem deutlichen Gliederung des Konzepts und den Strukturbegriffen bekommen Sie die inhaltliche Dimension in den Griff. Sie entscheiden, welche Informationen in den Text gehören, in welcher Ausführlichkeit, an welcher Stelle. Zusätzlich können Sie Hinweise anbringen, wie Sie die kommunikative Dimension gestalten wollen. Notieren Sie, welches Gefühl Sie beim Leser an bestimmten Stellen hervorrufen und wie Sie das erreichen möchten.

Markierte Arbeitsanweisungen: Wiederkehrende Arbeitsanweisungen lassen sich ebenfalls standardisieren. So kann BELEG für „Beleg für diese Behauptung suchen" stehen, KLÄREN für „Zuständige Person fragen, ob sie mit dieser Aussage einverstanden ist" und BSP für „Beispiel suchen". Entwickeln Sie ein eigenes Repertoire entsprechend Ihren Bedürfnissen. Sie können Arbeitsanweisungen mittels durchgehender Großschreibung oder Hintergrundfarbe hervorheben. Dies erleichtert Ihnen den Überblick über den Stand der Arbeit. Zum einen finden Sie die Stellen leichter wieder, an denen Sie weiterarbeiten möchten. Zum anderen stören Arbeitsanweisungen weniger bei der inhaltlichen Lektüre des Konzepts, wenn sie klar erkennbar sind.

Beispiel: Wie ein Konzept für den Einstieg in dieses Kapitel aussehen könnte (Sie können es mit den ersten beiden Seiten dieses Kapitels vergleichen)

2) Einleitung

Herausforderung: Schreiben als Höchstleistung (Stil: so dicht und gut, dass Leser die Höchstleistung erlebt)

- Inhalt
- Struktur
- Satzbau
- Wortwahl
- Leser

Lösung: Konzept-Sprache = Denken und Schreiben trennen

Relativieren: nicht immer Konzept

2.1) Technik

Erfahrung, die die meisten bereits haben:

- Papier und Bleistift
- Brainstorming
- Mind-Mapping

Konzept am **Computer** weiterentwickeln: Vorteile schildern

Wie **Material** einarbeiten?

Motivations-Problem: wollen, aber nicht tun (Zehn-Finger-Tastatur-Schreiben, Jeden-Tag-ein-paar-Vokabeln-Lernen) WOHIN?

2.2 Nutzen

Mit dem Konzepte-Erstellen ist es so ähnlich wie mit dem Zehn-Finger-Tastatur-Schreiben und dem Jeden-Tag-ein-paar-

Vokabeln-Lernen. Man hält es für richtig, nimmt es sich vor und lässt es dann bleiben.

Was hindert uns daran?

- Der **Aufwand**: Es mag sich dreimal auszahlen, aber Investitionen schrecken ab.
- Die **Ungeduld**: Man möchte gleich loslegen, die Formulierungen kribbeln schon in den Fingern.
- Ein **falsches Belohnungssystem**: Man misst sich an der Menge des ausformulierten Textes.
- Damit verbunden ein **Mangel an Selbstvertrauen**: Sobald man ein paar Seiten Text hat, fühlt man sich sicherer – aber eine Deadline auf sich zukommen zu sehen und immer noch über nichts als Stichpunkte zu verfügen, kann nervös machen.

Motivieren Sie sich also, indem Sie sich die **Vorteile** guter Konzepte vor Augen führen. Und bedenken Sie: Auch die Konzept-Sprache erfordert Übung. Je gekonnter man Konzepte verfasst, desto mehr nützen diese beim Ausformulieren – und desto gründlicher und detaillierter arbeitet man die nächsten Konzepte aus.

Botschaft und Eckpunkte prüfen

Mit einem Konzept bauen sie einen Prototyp. Daran erkennen Sie, wie viel die vorbereitenden Gedanken bezüglich Botschaft und Eckpunkten taugen. Vielleicht bestätigt die Konkretisierung deren Stimmigkeit, vielleicht müssen Sie zurück ans Reißbrett.

Das Gefühl für den Text, das Sie mit einem Prototyp gewinnen, nützt zudem beim Ausformulieren. Eine Teilnehmerin sagte bei einem meiner Workshops: „Das Kapitel ist wie ein Trichter. Ich fange breit an und führe den Leser zu meinem Thema.“ Den Trichter verdeutlichte sie mit beiden Händen, und damit war für sie Klarheit geschaffen.

Verlässlicher planen

Das traditionelle, ungeeignete Maß für Fortschritt beim Schreiben ist die Menge des ausformulierten Textes. Lassen Sie sich bei terminkritischen Texten nicht aus der Ruhe bringen. Sie werden sehen, wie schnell sich ein gutes Konzept ausformulieren lässt. Gerade unter Termindruck bietet sich die Arbeit mit Konzepten an. Denn ein Konzept zeigt, welche Teile der Schreibende bereits klar durchdacht hat und wo noch Herausforderungen warten. Das ermöglicht, verlässlich zu planen. Außerdem kann man so früh auf Probleme reagieren und sich zusätzliche Daten oder einen Experten suchen, politisch sensible Stellungnahmen abklären etc.

Auch die Länge der einzelnen Textteile können Sie mit einem Konzept besser abschätzen und in Einklang bringen. Gerade bei einer vorgegebenen Gesamtlänge ist das wichtig, um Ungleichgewichte oder nachträgliche Kürzungen zu vermeiden.

Fokussierter arbeiten

Gedanken auszuformulieren nimmt einen großen Teil der Denkfähigkeit in Anspruch. Sie können daher konzentrierter nachdenken, wenn Sie die zusätzliche Belastung des Formulierens vermeiden. Umgekehrt ergeben sich die passenden Worte, sobald Sie sich inhaltlich im Klaren sind. Sie schreiben flüssiger und lebhafter, wenn Sie sich nicht gleichzeitig den Kopf über inhaltliche Fragen zerbrechen müssen.

Präziser argumentieren

Eine Gefahr liegt darin, ungenau zu argumentieren, ohne es zu merken. Man schreibt vor sich hin, es klingt gut, man kommt voran. Dabei übersieht man Widersprüche, Ungenauigkeiten, Sprünge und Lücken. Hat man hingegen Inhalt und Struktur in nackter Konzept-Sprache vor sich, stößt man eher auf solche Schwächen.

Neben der nachlässigen Ungenauigkeit gibt es auch die bewusste. Man knabbert an einem Problem, findet keine überzeugende Lösung, dafür aber kluge Worte, die über die Schwachstellen hinwegtäuschen, oder schwammige Formulierungen, die nicht angreifbar sind. Da tut ein nüchternes Konzept erfreulich weh. Man sieht die offenen Punkte und ist gezwungen, sich ihnen zu stellen.

Sich kürzer fassen

Konzepte verkürzen Texte. Im Großen erspart man sich und dem Leser ungewollte Wiederholung. Im Kleinen formuliert man prägnanter, wenn Inhalt und Struktur durchdacht sind. Man kommt zum Punkt, beziehungsweise zu seinen Punkten.

Leichter die Übersicht behalten

Wem ein Konzept fehlt, der ist bei langen Texten unentwegt damit beschäftigt, das Wesentliche herauszusuchen und im Bewusstsein zusammenzuhalten. Man kann sich nicht an alles erinnern, muss blättern, kommt aus dem Denkfluss. Hingegen genügt ein Blick auf das Konzept, um den Überblick zu gewinnen. So kann man seinen Geist auf die eigentliche Aufgabe richten.

Die Übersichtlichkeit eines Konzepts erleichtert außerdem, beim Ausformulieren zu springen. Wenn man weiß, wie die einzelnen Bausteine zusammenwirken, kann man gleich zu Beginn an den kritischen Punkten schreiben oder einfach dort, wo sich Einfälle einstellen.

Effizienter den Text entwickeln

Im Lauf der Arbeit an einem Text sammeln Sie Erfahrung, wie Sie Ihre Gedanken am günstigsten vermitteln. Konzepte erleichtern den Umgang mit der anfänglichen Unsicherheit.

1. **Experimentieren:** Ausprobieren ist der sicherste und schnellste Weg zur geeigneten Struktur. Doch stellt man ausformulierte Texte um, so ist die Arbeit groß und der Gewinn gering: Die Worte verdecken die Struktur. Viel besser geht das mit Textbausteinen, die in knapper Konzept-Sprache geschrieben sind und dabei die logischen Verknüpfungen zwischen den Gedanken herausstreichen.

2. **Doppelte Arbeit vermeiden:** Arbeitet man ohne Konzept, kommt es häufig vor, dass Abschnitte ihre Funktion oder Stellung im Text wechseln. Wie viel Arbeit steht nun an, bis sich der revidierte Abschnitt in den Textfluss eingliedert und die Sätze wieder ineinandergreifen! Am schlimmsten ist es, wenn Schreibenden bei den letzten Sätzen die Einsicht kommt, sie hätten den Text ganz anders aufziehen, hätten einen anderen Ton, eine andere Perspektive, einen anderen Schwerpunkt wählen sollen.

3. **Gedanken einbauen:** Als Schreibender sagt man sich oft: „Das will ich mir für später merken" – und kann sich schließlich, wenn man sich zur betreffenden Stelle vorgearbeitet hat, nicht mehr erinnern. Oder man hat immerhin einige Worte notiert, stellt aber fest, dass der zündende Gedanke dahinter verloren gegangen ist. Arbeitet man mit Konzepten, kann man zügig die wesentlichen Punkte eines Gedankens festhalten und den Baustein vorläufig an einen sinnvoll erscheinenden Platz stellen. So finden sich frühere Gedanken leicht wieder, und wenn man sich ans Ausformulieren macht, stößt man im richtigen Moment auf sie.

Erfolgreicher zusammenarbeiten

Um Inhalt, Struktur und Stil richtig zu wählen, sollten Sie sich mit anderen austauschen. Komplexe Probleme lassen sich gemeinsam besser einschätzen, jeder kann sein Fachwissen einbringen und der Autor wird mit kritischen Meinungen konfrontiert. Konzepte erleichtern diese Zusammenarbeit an den Grundlagen von Texten.

1. **Sich rechtzeitig austauschen:** Wer den ganzen Text ausformuliert, bevor er mit anderen darüber redet, muss lange warten. Dann ist es schwierig, grundlegende Änderungen vorzunehmen.

2. **Gute Vorlagen liefern:** Weil man die Besprechung nicht zu lange hinauszögern möchte, nimmt man holprige Texte als Grundlage. Das kostet die Diskussionspartner viel Zeit und kann sie verärgern. Konzepte hingegen sind in einem früheren Arbeitsstadium besprechungstauglich. Denn erspart man sich das

Ausformulieren, hat man bereits nach relativ kurzer Zeit ein schlüssiges Konzept.

3. **Sich auf das Wesentliche beschränken:** Als Diskussionsgrundlage kann ein Konzept selbst einem exzellent ausformulierten Text überlegen sein. Zum einen können die Diskussionspartner den Inhalt schneller aufnehmen – und sind daher auch eher bereit, dazu Stellung zu nehmen. Zum anderen kann man den Austausch so gezielt auf Inhalt und andere grundlegende Fragen lenken. Bei ausformulierten Texten verheddert man sich dagegen „gerne“ im Streit um einzelne Formulierungen.

Wenn Sie Konzepte mit anderen besprechen möchten, müssen die Diskussionspartner Ihre Konzept-Sprache verstehen und akzeptieren. Da hilft es, das Konzept zuvor auf Verständlichkeit hin Probe zu lesen – und zwar im Dummstell-Modus.

Falls Sie zögern, ob Sie ein Konzept verschicken können, fragen Sie nach. Oder sprechen Sie das Konzept gemeinsam durch. Außerdem können Sie am Anfang darauf hinweisen, dass Sie bewusst ein Konzept schicken. Sie können dem Empfänger schreiben, dass Sie seine Meinung hören möchten, bevor Sie den Text ausformulieren, damit Sie seine Vorschläge besser berücksichtigen können. Das zeigt sogar Wertschätzung.

2.3 Struktur

Was charakterisiert eine gute Struktur? Das kommt natürlich sehr auf den Text an. Einige Leitlinien lassen sich dennoch aufstellen, die zumindest für viele längere Texte gelten.

1. Machen Sie die Struktur **deutlich**, damit der Leser sich zurechtfindet und ein Gefühl der Kontrolle behält. Aber erschlagen Sie ihn weder mit Überschriften (à la 3.4.2.c) noch mit drögen Bemerkungen über die Struktur („Im Folgenden werden wir zunächst ...“). Was in Maßen hilft, frustriert und desorientiert im Übermaß.

2. Begleiten Sie den Leser auf seiner Reise durch den Text. Überlegen Sie, was er bereits hinter sich hat und was noch vor sich. Ihre Struktur muss nicht nur sachgerecht, sondern vor allem **leserfreundlich** sein. Das kann zum Beispiel heißen, dass Sie eine Frage nicht dort abhandeln, wo sie logisch am besten hinpasst, sondern sobald der Leser sie sich naheliegenderweise stellt. Oder, dass Sie nicht alle Definitionen und ähnlich trockenen Erklärungen an den Anfang ballen. Oder, dass Sie Theorie immer mit Beispielen abwechseln. Das ist motivierender und lehrreicher als massive Theorie- und Praxisblöcke.

3. Abschnitte und Kapitel sind mehr als Informations-Container. Sie sind **Spannungsbögen**, die den Leser jedes Mal von einer Frage/Aufgabe/Herausforderung zu einer Antwort/Lösung führen. Werben Sie so immer wieder um Aufmerksamkeit – nicht nur einmal am Anfang. Und gewähren Sie dem Leser am Ende solcher Bögen einen ruhigen Moment, um den Erfolg zu erleben. (Zusammenfassungen am Ende der Kapitel dienen unter anderem diesem Zweck).

4. Beachten Sie, dass Leser unbewusst die Wichtigkeit eines Themas aus dessen **Länge** ableiten. Halten Sie sich also nicht zu lange an Nebenschauplätzen auf und strecken Sie notfalls die Kernstellen ein wenig.

5. Wiederholen Sie die **Kernbotschaft** mehrfach im Text. Ein gewisses Maß an Redundanz schafft Vertrautheit und Selbstvertrauen: Die Leser stellen fest, dass der Autor seiner Linie treu bleibt und dass sie sich im Text zurechtfinden. Nutzen Sie diese „optimale Redundanz“, diese Einladung zur wohldosierten Wiederholung, damit die Kernbotschaft ankommt und sich einprägt. Aber bedrängen Sie die Leser nicht mit Ihren Standpunkten. Das stichhaltigste Argument, brillant formuliert, ist nichts im Vergleich zu einem Gedanken, den der Leser (mit Ihrer Hilfe) selbst gefasst hat. Reden Sie nicht auf den Leser ein, sprechen Sie mit ihm.

2.4 Zusammenfassung

Technik

- ✓ Auf Papier Ideen generieren und vorstrukturieren.
- ✓ Am Computer Konzepte erstellen.
- ✓ Material gründlich einarbeiten.
- ✓ Konzepte deutlichst strukturieren.
- ✓ Schwierige Teile besonders detailliert konzipieren.
- ✓ Klar, einheitlich und knapp formulieren.
- ✓ Strukturbegriffe, Kommunikations-Hinweise und Arbeitsanweisungen einsetzen.

Nutzen

- ✓ Botschaft und Eckpunkte prüfen.
- ✓ Verlässlich planen und Herausforderungen früh angehen.
- ✓ Inhaltliches Nachdenken von stilistischem Formulieren trennen und so fokussierter arbeiten.
- ✓ Widersprüche, Ungenauigkeiten, Sprünge und Lücken entdecken.
- ✓ Unerwünschte Wiederholungen eliminieren und prägnanter formulieren.
- ✓ Dank besseren Überblicks konzentrierter denken.
- ✓ Effizienter mit der Struktur experimentieren, Umstellungsarbeit minimieren.
- ✓ Gedanken am richtigen Ort einbauen und später wiederfinden.
- ✓ Sich schneller mittels geeigneterer Vorlagen austauschen.

Struktur

- ✓ Die Struktur unaufdringlich verdeutlichen.
- ✓ Die Struktur am Leser ausrichten.
- ✓ Viele Spannungsbögen anlegen.
- ✓ Die Ausführlichkeit der Wichtigkeit anpassen.
- ✓ Die Kernbotschaft wiederholen.

3. Ausformulieren

Sie haben zunächst an den Leser gedacht, Botschaft und Eckpunkte des Textes festgelegt, Material und Ideen gesammelt. Daraus haben Sie ein Konzept erstellt, das Sie eventuell mit einem Kollegen besprochen haben. Nun geht es ans Ausformulieren. Das erledigen Sie am besten allein. Gruppen können knackige Formulierungen für Überschriften finden, beim eigentlichen Texten verheddern sie sich elendiglich.

3.1 Praktisches und Mentales

Die meisten der folgenden Ratschläge haben einen gemeinsamen Kern: Seien Sie freundlich mit sich! Verschaffen Sie sich Ruhe, kritisieren Sie sich nicht, würdigen Sie das Erreichte.

Vor dem Schreiben

Richten Sie sich je nach Art und Länge des Textes ein. Äußerlich heißt das:

1. Wählen Sie ein geeignetes **Umfeld**. Manche Menschen schreiben am besten zu Hause, bevor sie zur Arbeit fahren, andere machen einen Abstecher in die Bibliothek.

2. Beugen Sie **Störungen** vor. Schließen Sie nach Möglichkeit Tür, E-Mail-Account und Internet-Browser.

3. Legen Sie **Papier und Stift** neben der Tastatur parat. Beim Schreiben stellen sich häufig Ideen ein, die nicht an die Stelle gehören, an der man gerade schreibt. Notieren Sie solche Einfälle handschriftlich, statt sie sofort zu prüfen und im Text unterzubringen. Müssen Sie Papier und Stift hervorholen, besteht die Gefahr, dass Sie doch am Bildschirm scrollen oder gar in ein anderes Dokument oder Programm springen. Und schon sind Sie aus dem Fluss.

4. Sorgen Sie dafür, dass das Dokument **formal ordentlich** ist, falls Sie nicht ohnehin eine Standardvorlage verwenden. Dazu

gehören meist Seitenzahlen, ein Datum/eine Versionsnummer und Ihr Name, zumindest auf der ersten Seite.

5. Wenn der Text nicht als A4 erscheinen wird, kann es helfen, das entsprechende **Seitenlayout** schon jetzt am Bildschirm einzurichten. Sie haben so beim Schreiben einen klareren Eindruck, wie weit der Text bereits vorangeschritten ist und wie er optisch auf den Leser wirkt. Das empfiehlt sich gerade bei ungewöhnlichen Formaten, wie sie im Internet häufig vorkommen.

Noch wichtiger als diese äußerlichen Vorkehrungen ist die **innere Einstimmung**. Texte spiegeln Geisteshaltung und Gefühlszustand wider. Achten Sie darauf, dass Sie nicht im Stress und Ärger der vergangenen Stunden verfangen sind. Auch eine neutrale „Jetzt muss ich schnell den Text erledigen"-Einstellung genügt nicht. Wir wollen, dass sich der Leser von unserem Text berühren lässt, also müssen wir zunächst innerlich auf den Leser zutreten. Das geht über die intellektuelle Analyse des Lesers hinaus. Man könnte (mit buddhistischem Anklang) von Wohlmeinen sprechen.

Aus dieser zugewandten Art des Schreibens folgt, dass Sie dem Leser unter die Arme greifen. Geben Sie nicht mit Fachbegriffen oder gestelzter Sprache an, hängen Sie ihn nicht mit Gedankensprüngen ab, überlasten Sie ihn nicht mit übermäßiger Dichte. Nehmen Sie den Leser freundlich an die Hand. **Führen** Sie ihn durch den Text, indem Sie Kommendes ankündigen und Abgeschlossenes zusammenfassen. Rückblicke unterstützen nicht nur das Gedächtnis, sie belohnen auch und schaffen ein Gefühl von Gemeinschaft: „Schau her, lieber Leser, was wir schon gemeinsam betrachtet und verstanden haben."

Bedenken Sie, dass Sie auch beim Schreiben **nonverbale Botschaften** senden, vergleichbar mit Stimme und Körpersprache beim Reden. Zum Beispiel wiegt ein Beschwerdebrief schwerer als dieselbe Kritik in einer E-Mail. Allerdings kann es herablassend wirken, Kritik per E-Mail zu versenden – erst recht, wenn darin Schreibfehler vorkommen. (Aus der Forderung, sich auf den Leser einzustellen, folgt nicht, dass Sie nachgiebig sein sollen. Vielmehr: Je respektvoller Sie kommunizieren, desto deutlicher können Sie in der Sache sein.)

Also: Gönnen Sie sich ein kleines Ritual zur Einstimmung, bevor Sie eine längere Schreibphase beginnen. Stehen Sie auf und strecken Sie sich oder machen Sie sich einen Tee.

Selbst bei einer gewöhnlichen E-Mail tut es oft gut, für einige Sekunden die Augen zu schließen, um den Kopf frei zu bekommen und sich einzufühlen. Es könnte Ihnen einfallen, dass der Empfänger das letzte Mal so gereizt war und Sie jetzt einen besonders freundlichen Ton anschlagen oder sich endlich für eine Gefälligkeit bedanken sollten.

Beim Schreiben

Sie brauchen den Text **nicht linear** auszuformulieren. Vielleicht packt Sie gerade der Ehrgeiz, sich an die heikelste Passage zu wagen, oder Sie sind eigentlich in Schreiblaune, kommen aber mit dem nächsten Textteil nicht zurande. Folgen Sie Ihrem Instinkt! Schreiben Sie das, was sich Ihnen aufdrängt, und lassen Sie beiseite, was sich querstellt. Aber Achtung: Wenn eine Stelle Probleme bereitet, ist das ein Indiz dafür, dass Sie diese noch gründlicher durchdenken sollten. Gehen Sie dem bald nach!

Wenn Sie nicht wissen, in welchem **Ton** Sie schreiben sollen, kann es helfen, sich die Stelle vorzunehmen, bei der die richtige Wahl kritisch ist. Danach ergibt sich der restliche Text.

Während Sie schreiben, sollten Sie immer wissen, welche Funktion der gegenwärtige Satz im Abschnitt, im Kapitel, im ganzen Text einnimmt. Ein gelegentlicher Blick auf die **Dokumentstruktur** am Seitenrand hilft hierbei.

Sollte man jeden Satz **im Kopf vorformulieren**? Das hängt von vielen Faktoren ab, wie der Komplexität und Wichtigkeit des Textes und Ihren Fähigkeiten und Vorlieben. Sie sollten das Vorformulieren auf alle Fälle üben. Im Kopf können Sie schneller Varianten durchspielen und die beste wählen. Wer seinen Satz etappenweise aufschreibt, sobald er einige Worte gefunden hat, muss viel korrigieren und läuft Gefahr, Schachtelsätze zu produzieren.

Bei längeren Sätzen kann es anstrengen, alles im Kopf zu speichern. Hier bietet sich ein Mittelweg an: Man plant erst die Struktur des

Satzes, dann formuliert und schreibt man die einzelnen Teile. (Im vorangehenden Satz würde die mentale Vorplanung in etwa lauten: „Mittelweg: erst Struktur planen, dann Teile schreiben." Mit dieser **Landkarte des Satzes** können Sie die Teile nacheinander ausformulieren.)

Wie anspruchsvoll sollten Sie beim Schreiben sein?

1. Lassen Sie sich von Ihrem inneren Kritiker nicht lähmen, kultivieren Sie eine positive Einstellung. Ob das, was Sie gerade schreiben, gut oder schlecht ist, interessiert Sie nicht – **Sie schreiben**.

2. Suchen Sie nicht zwanghaft nach der perfekten Formulierung bei der ersten Fassung. Wenn Sie das Gefühl haben, mit ein wenig Knobelei kommt Ihnen ein lohnender Einfall, geben Sie sich einige Sekunden Bedenkzeit – sonst **schreiben Sie** weiter.

3. Manchmal bleibt man an einer Stelle hängen, bei der einem nicht einmal eine hinlängliche Formulierung einfällt. Bringen Sie eine Markierung an, notieren Sie die Essenz der resistenten Passage, zum Beispiel in eckigen Klammern – und **schreiben Sie** weiter.

Natürlich liest man ab und an durch, was man bereits geschrieben hat, und unvermeidlich springen einem Schwächen ins Auge, drängen sich Korrekturen auf. Verschaffen Sie der lieben Seele Ruhe und setzen Sie die Änderungen um. Aber polieren Sie nicht den vorderen Teil auf, während sich der Rest noch im Entwurfsstadium befindet.

Diese Einstellung – „Wenn ich schreibe, schreibe ich und korrigiere nur störende Kleinigkeiten" – schwächt auf Dauer den **inneren Kritiker**. Zudem hilft es, sich systematisch an den Schreibprozess zu halten. Nehmen Sie den Druck von sich, aus dem Stegreif eine Glanzleistung abliefern zu müssen. Betrachten Sie das Ausformulieren als einen der vier Schritte des professionellen Schreibens. Als ein Rad im Getriebe, das mit der Zeit immer runder laufen wird, und nicht als Gewaltakt, der auf Biegen und Brechen gelingen muss.

Je weniger Sie eigene und fremde Kritik fürchten, desto wagemutiger werden Sie im **ersten Entwurf**. Etwas Originelles ein wenig zu standardisieren oder einen zu lebhaften Ton abzumildern, ist einfacher, als nachträglich etwas Fades aufzupeppen. Legen Sie einen ersten Entwurf vor, aus dem etwas werden kann!

Würdigen Sie nach Abschluss der Schreibarbeit das Erreichte. Langfristig prägen Sie damit Ihre Einstellung zum Schreiben. Sie verankern in sich die Botschaft: „Schreiben liegt mir, ich komme dabei so gut voran und freue mich danach über das Gelingen."

3.2 Die richtigen Worte

Unser Ziel: mit wenigen, guten, angemessenen und aktiven Worten formulieren.

Wenige Worte

Jedes unnütze Wort kostet Platz und lenkt ab. Verschwenden Sie nicht die Aufmerksamkeit der Leser. Langatmigkeit kann Leser sogar verärgern. Zeigen Sie stattdessen Respekt – nicht durch Höflichkeitsfloskeln, sondern durch Prägnanz.

1. **Adjektive und Adverbien** stehen ganz oben auf der Liste überflüssiger Wörter. Sie führen sogar zu peinlichen Konstruktionen, wenn ihr Sinn im Bezugswort bereits enthalten ist. „Wir verfügen über ungenutzte Reserven", liest man in schlechten Geschäftsberichten. Das klingt wie: „Wir haben ein unzerschlagenes Sparschwein." Reserven verschwinden bedauerlicherweise mit ihrer Nutzung und ebenso Sparschweine, bei beiden erübrigt sich das Adjektiv. Suchen Sie nach aussagekräftigen Substantiven und Verben, die keiner Präzisierung oder Verstärkung bedürfen. Schreiben Sie „Einbruch" statt „deutlicher Rückgang", „aufspringen" statt „schnell aufstehen".

2. Seien Sie sparsam mit **Füllwörtern** wie „natürlich", „sowieso", „schon", „noch". Manchmal erfüllen solche Worte einen Dienst: Sie runden den Satz ab, wirken sympathisch, deuten ironische Distanz an. „Was sich höchstens noch sagen ließe", kann ein charmanter Einstieg für einen Paukenschlag am Ende eines Textes sein. Aber meistens leisten Füllwörter nichts.

3. Auch **stehende Wendungen** sind umständlich. „Leider ist es so, dass“ wird zu „Leider“. „In Anbetracht dieser Umstände“ oder „Aus diesen Gründen“ lässt sich meist auf „Daher“ reduzieren. „Schlicht und einfach“ fällt einfach weg.

Bedenken Sie beim Streben nach Kürze, dass sich diese danach bemisst, wie schnell der Leser den Text richtig aufnimmt. Was klar ersichtlich ist, kann wegfallen; die Lesbarkeit darf dabei nicht leiden. Und bedenken Sie auch: Gerade im **Überfluss**, in der Reihung spielt der Sprachwitz. Entrümpeln Sie den Text, dann leuchten die bewusst inszenierten Glanzstücke.

Gute Worte

Seien Sie **sinnlich.** Verwenden Sie konkrete, sinnliche Worte statt abstrakter Oberbegriffe. Lassen Sie die Leser sehen, hören, riechen, schmecken, spüren. Bei den meisten Texten, die anregend sein sollen, brauchen Sie es nicht allzu genau zu nehmen, wenn Sie Oberbegriffe durch zwei, drei anschauliche Beispiele ersetzen. In aller Regel führt das nicht zu Missverständnissen. Die entstehen eher, wenn der Leser gelangweilt das graue Einerlei des Abstrakten überfliegt, als wenn ihm die Leistung abverlangt wird, aus Pferd, Kuh und Hund abzuleiten, dass Sie von Tieren sprechen. Wie viel mehr aber geschieht im Gehirn, wenn der Leser beim Pferd das Galoppieren, bei der Kuh den Milchgeschmack und beim Hund das Bellen mitdenkt! Ohne dass sich der Leser dieser Assoziationen bewusst wird, empfindet er den Text als anregender.

Die besten Worte sind **kurz.** Offensichtlich aus Verständlichkeitserleichterungsgründen. Diesen Silbenschleppzug würde niemand zusammenkuppeln – aber Energieeinsparungseffekte und Agrarsubventionskürzungen sind üblich. Dennoch bleiben Leser an ihnen hängen. Solche Ungetüme sind unvermeidlich? Nehmen wir den Satz: „Unser Ziel sind Energieeinsparungseffekte in Höhe von 20%.“ Was außer einigen Worten ginge verloren bei „Unser Ziel ist die Einsparung von 20% Energie“? Und liest sich „Wir wollen 20% Energie einsparen“ nicht noch flüssiger?

Obendrein sind kurze Worte stärker. Vergleichen Sie Lust, Mut, Trieb, Kraft mit Begehrlichkeit, Entschlossenheit, Leidenschaft, Befähigung.

Endungen auf -keit, -heit, -schaft oder -ung fordern Sie auf, nach Alternativen zu suchen: ein kurzes Substantiv oder ein Verb im umformulierten Satz.

Bewegen Sie sich in der **Begriffswelt des Lesers.** Denken Sie sich in den Leser ein. Lesen Sie gegebenenfalls seine Texte. Dann wird der Leser Ihre Texte verstehen – und mögen. Man hört gerne seine eigenen Worte. Wenn Kellner die Bestellung des Gastes wörtlich wiederholen, bekommen sie erheblich mehr Trinkgeld.

Seien Sie entsprechend vorsichtig mit organisationsinterner oder berufsspezifischer Sprache, wenn Sie über den Kollegenkreis hinausgehen. Prüfen Sie Abkürzungen, Fach- und Fremdwörter. Sind diese treffender als gewöhnliche Wörter? Sind sie verständlich oder sollten Sie sie erklären?

Gebräuchliche Abkürzungen können Sie verwenden oder ausschreiben, Hauptsache Sie tun das einheitlich. Nutzen Sie Kürzel, sollten Sie noch schärfer auf Sparsamkeit achten – z.B., u.a. und ggf. setzen sich herdenweise fest.

Maximal allgemeinverständlich sind **Modewörter und Redensarten**. Zu denen kommt man wie die Jungfrau zum Kinde. Sie liegen auf der Zunge, so schön vertraut, so leicht verständlich, so bildlich. Aber sie sind schal. Statt der beabsichtigen Botschaft vermitteln sie: „Ich habe mir für Sie, wertloser Leser, keine Mühe gemacht, ich habe nichts Eigenes zu sagen." Aufmerksamkeit wecken sie nur, wo der achtlose Schreiberling jammert, dass die sozialen Netze durchlöchert und Tiefststände übertroffen würden.

Keine Sorge, Sie brauchen nicht in jedem Brief eine frische und stimmige Metapher zu erfinden. Nüchtern tut es auch. Nur lassen Sie die verwelkten Redeblumen beiseite und vergegenwärtigen Sie sich Ihre Worte. Dann spürt der Leser, dass Sie meinen, was Sie schreiben.

In Summe: Gute Worte sind sinnlich, kurz und frisch und sie decken sich mit der Begriffswelt des Lesers. Oft findet sich ein Wort, das all diese Bedingungen erfüllt – aber selten mehrere solche Worte für das gleiche Ding. Sind Worte auch dann noch gut, wenn sie sich **wiederholen**? Drei Gesichtspunkte helfen bei der Entscheidung:

- Textform: Bei Verträgen, die eindeutig sein müssen, sollten Wörter möglichst einheitlich verwendet werden, während bei Werbetexten oder Glossen sprachliche Abwechslung besticht.
- Wortart: Als Faustregel gilt, Verben, Adverbien und Adjektive eher abzuwechseln und Hauptworte ruhig zu wiederholen. Wechseln Hauptworte, glaubt der Leser leicht, unterschiedliche Dinge seien gemeint.
- Wortbedeutung: Schlüsselbegriffe sollten besonders einheitlich verwendet werden, um den Leser nicht zu verwirren.

Angemessene Worte

Welche Stilebene sollten Sie anpeilen? Die meisten Schreibenden schrauben sich zu weit hinauf – aus Angst, dass die anderen auf sie herabschauen. Dabei ist der umgangssprachliche Tiefflug viel seltener ein Problem als abgehobene **Imponier-Wörter**.

Terminieren Sie nicht, absorbieren Sie nicht, extrapolieren Sie nur unter Experten. Content, Hype, Drive – nutzen Sie englischen Modeslang nur in geeigneten Communities. Sonst sind Sie schwer verständlich und leicht unsympathisch: Wer angibt, hat's nötig.

Bizarr wird es, wo es danebengeht. Jemand schrieb seiner Versicherung: „Im gesetzlich zulässigen Höchsttempo kollidierte ich mit einer unvorschriftsmäßigen Frau in der Gegenrichtung." Ersparen Sie sich die Lacher und orientieren Sie sich an Ihrer **gesprochenen Sprache**. Dann schreiben Sie lebhaft und authentisch.

Und schreiben Sie in **Zimmerlautstärke**. Ein bisschen lauter darf es sein, falls Sie das Kommunistische Manifest fortsetzen oder Ihre zwanzigprozentige Umsatzrendite feiern. Nur nicht ständig schreien oder flüstern. Statt „ohne jeden Zweifel ist es ganz sicher so" oder „unter Umständen könnte es vielleicht so sein" schlicht „so ist es".

Aktive Worte

„Ich kam, sah und siegte", sagte Cäsar. Tun Sie es Cäsar gleich – handeln Sie in Ihren Texten. Verwenden Sie Verben statt Substantive.

„Wir verzeichnen eine Steigerung der Verkäufe" krankt an Substantivitis. „Die Verkäufe steigen" ist ungleich kraftvoller.

Verben sind gut. Aber nicht alle sind gleichgut.

1. Meiden Sie **mehrteilige Verben** (auch Funktionsverben, Streckverben oder Spagatverben genannt). „In Zweifel ziehen" benötigt drei Worte, um „bezweifeln" zu sagen. Es ist auch steifer. Vor allem aber verleitet es zu Schachtelsätzen, bei denen der Sinn sich erst am Satzende erschließt: „Ich ziehe [...], dessen [...], obwohl [...], in Zweifel."
2. Geben Sie sich Profil, scheuen Sie **nichtssagende Verben** wie „durchführen", „erledigen" oder „tun". „Er führte die Lieferung durch" ist grammatisch korrekt, stilistisch hingegen bedauerlich. Warum nicht einfach „Er lieferte"?
3. Eleganter und leichter verständlich sind Texte, die wenig **„haben", „sein" und „werden"** verwenden. Statt „Es wird größer" dynamischer „Es wächst".
4. Verben auf „**–ieren**" verdienen einen kritischen Blick. Dem halten viele stand – aber muss man insistieren, konzedieren, falsifizieren? Selbst wo er damit den Leser nicht befremdet, benebelt sich der Autor.

Formulieren Sie möglichst **aktiv**.

1. Das Gehirn braucht mehr Zeit, um „Die Rechnungen werden geprüft" zu verarbeiten als „Wir prüfen die Rechnungen".
2. In der passiven Variante geht verloren, wer der Handelnde ist.
3. Das Passiv hat weniger Schwung. Den wollen Sie doch, oder?

Formulieren Sie **positiv**.

1. „Formulieren Sie nicht negativ" – merken Sie, wie jede Verneinung den Leser beansprucht? Gehen Sie vorsichtig mit dessen kostbarer Aufmerksamkeit um.
2. Am schlimmsten sind doppelte Verneinungen, bei denen der Autor „nichts unversucht" lässt, um den Leser durcheinanderzubringen.

3. Das Gehirn reagiert nicht nur auf den Sinn des gesamten Satzes, sondern auch auf die einzelnen Worte. Stimmen Sie die Leser positiv, indem Sie berichten, dass die Sitzung „produktiv" war statt „nicht schlecht". (Bei nicht so guten Nachrichten mag man aus diesem Grund ausnahmsweise zur Verneinung greifen).

3.3 Klare, anregende Sätze

Aus den wenigen, guten, angemessenen und aktiven Worten bauen Sie nun Sätze, die den Inhalt klar vermitteln und zum Lesen anregen.

Die Hauptsache in den Hauptsatz

„Da der Vorsitzende überraschend zurückgetreten ist, hat sein Stellvertreter die Leitung übernommen." Was teilt uns hier der Hauptsatz mit? Eine Nebensache – ein Stellvertreter hat das getan, wofür er da ist. Die Neuigkeit hingegen ist im Nebensatz versteckt. Wir verstehen den Satz trotzdem, kommen aber aus dem Fluss. Denn unbewusst hegen wir die Erwartung, dass uns Hauptsachen in Hauptsätzen mitgeteilt werden. Also besser: „Der Vorsitzende ist überraschend zurückgetreten, sein Stellvertreter hat die Leitung übernommen."

Wichtige Informationen sollten ebenso wenig in Adjektive gesteckt werden. Nicht „die gescheiterte Durchführung des Projekts", sondern „das Scheitern des Projekts".

Nur eine wichtige Aussage pro Satz

Wie verfahren wir mit dem Satz: „Nachdem der Vorsitzende überraschend zurückgetreten ist, hat sein Stellvertreter abgelehnt, die Leitung zu übernehmen"? Nun haben wir zwei wichtige Aussagen, denn auch der Stellvertreter hat etwas Ungewöhnliches getan. Wir sollten daher zwei Sätze bilden: „Der Vorsitzende ist überraschend zurückgetreten. Sein Stellvertreter hat abgelehnt, die Leitung zu übernehmen." So kann der Leser beide Aussagen gebührend würdigen, ohne innehalten zu müssen.

Die Satzaussage nach vorne

Nach vorne gehören Subjekt und das ganze Verb, inklusive Verneinungen. Sonst müssen die Leser bis zum Satzende warten, um zu wissen, was Sache ist. Die Möglichkeit, das Verb hinauszuzögern, ist eine Besonderheit des Deutschen, die in der Literatur ausdrucksvolle Konstruktionen erlaubt, die Kommunikation jedoch behindert.

Bei „Wir schlagen den kaufmännischen Leiter, der in den vergangenen Monaten bereits seine Eignung beweisen konnte, da der Vorsitzende überfordert war, als Nachfolger vor" bleiben die Leser lange in der Schwebe. Schlimmstenfalls bilden sie sich irrige Erwartungen über den Fortgang des Satzes – und fühlen sich dann veralbert. Also besser: „Wir schlagen den kaufmännischen Leiter als Nachfolger vor. Er konnte in den vergangenen Monaten bereits seine Eignung beweisen, da der Vorsitzende überfordert war."

Seien Sie besonders vorsichtig, den Leser nicht mit Verneinungen irrezuführen: „Bei den Verhandlungen wurden die Fortschritte, die für die weitere Zusammenarbeit insbesondere im Technologie-Bereich unabdingbar sind, nicht erzielt."

Übersichtliche Sätze

An die Satzaussage am Anfang sollten Sie einen übersichtlichen Satz anhängen. Schachtelsätze sind unhöflich.

Beispiel: ein unterbrochener Satz

„Wir möchten die Marketingstrategie für die Stammkunden, für das Luxussegment und für China, wo wir die größten Wachstumschancen sehen, neu ausrichten."

Sie können stattdessen das Verb hinter das erste Glied der Aufzählung vorziehen:

„Wir möchten die Marketingstrategie für die Stammkunden neu ausrichten und ebenso für das Luxussegment und für China, wo wir die größten Wachstumschancen sehen."

Oder Sie setzen einen Doppelpunkt:

„Wir möchten die Marketingstrategie neu ausrichten: für die Stammkunden, für das Luxussegment und für China, wo wir die größten Wachstumschancen sehen."

Bei längeren Einschüben kann es sich anbieten, den Satz in mehrere aufzuspalten. In unserem Beispiel ist der Relativsatz zwar kurz, enthält jedoch eine wichtige Information, die einen eigenen Hauptsatz verdient. Also:

„Wir möchten die Marketingstrategie neu ausrichten: für die Stammkunden, für das Luxussegment und für China. Die größten Wachstumschancen sehen wir dabei in China."

Damit handeln Sie sich eine Wortwiederholung ein, vermitteln jedoch den Inhalt sehr klar. In vielen Situationen ist Klarheit ein kleines Opfer an Eleganz wert.

Zu übersichtlichen Sätzen gehört auch, dass Sie sich auf vorangegangene Substantive nur mit Pronomen rückbeziehen, wenn das leicht verständlich und eindeutig ist. Sätze wie „Er nimmt ihn vor ihm in Schutz" bremsen den Leser. Manchmal helfen „dieser"/ „dessen" oder „selbst"/„eigene", um den Bezug klarzumachen. Bei „Der Projektleiter sollte mit dem Kunden seine Aufgaben klären" bleibt offen, um wessen Aufgaben es geht. Eindeutig formuliert lautet der Satz: „Der Projektleiter sollte seine Aufgaben mit dem Kunden klären" oder „Der Projektleiter sollte mit dem Kunden dessen Aufgaben klären." Manchmal ist die wenig elegante Lösung gerechtfertigt, das Substantiv zu wiederholen.

Geeigneter Satzrhythmus

Kurze Sätze lassen sich leichter bewältigen. Der Gebrauchstext-Konsument freut sich bei jedem Punkt: Er hat wieder einen Satz geschafft.

Schreibende tendieren hingegen zu langen Sätzen. Bei manchen mag es eine Unart aus dem Gesprochenen sein: Sie wollen keine Atempause einlegen, in der sie unterbrochen werden könnten. Andere wollen Eindruck schinden. Zudem, so paradox es klingt, erfordern lange Sätze weniger Voraussicht. Man schreibt die Gedanken einfach auf, wie sie einem kommen.

Bei komplizierten Sachverhalten werden Sätze daher oft länger und verworrener. Der Leser braucht allerdings gerade hier eine einfache, klare Sprache mit vielen Möglichkeiten zum Pausieren.

Verfallen Sie allerdings ebenso wenig in einen **kurzatmigen Stil**. Wie Musik lebt Sprache von Abwechslung. Etablieren Sie einen Rhythmus und erfreuen Sie dann die Leser mit einem Tempowechsel.

Übrigens ist die **Struktur** der Sätze wichtiger als ihre Länge. Ein langer Satz kann einfach zu lesen sein, wenn er primär Hauptsätze verbindet und optisch durch Doppelpunkt und Gedankenstrich gegliedert ist. Richten Sie Ihre Aufmerksamkeit darauf, die Sätze nicht zu verschachteln.

Abwechslungsreiche Satzzeichen

Wir können laut und leise sprechen, beschleunigen und verlangsamen und zudem unsere Stimme vielfältig färben: ärgerlich, unsicher, fröhlich, ironisch.

Hingegen stehen uns nur wenige Satzzeichen zur Verfügung, um unsere schriftliche Rede zu begleiten. Greifen wir also fest in die Tasten und nutzen wir sie alle!

Kommata helfen, den Satzbau zu verdeutlichen und Gedanken zu strukturieren. Sie werden meist zu wenig gesetzt (nicht einmal dort, wo sie noch vorgeschrieben sind).

Doppelpunkt und Gedankenstrich gliedern Sätze deutlich. Für ihre Bedeutung gibt es keine verbindliche Konvention. Doppelpunkte kündigen meist Aufzählungen, Gründe und Konsequenzen an, Gedankenstriche oft Überraschendes, Widersprüchliches und Einschränkendes. Beide Satzzeichen werden tendenziell zu wenig genutzt.

Das **Fragezeichen** bindet den Leser ein. Gebrauchstexte sind Monologe. Fragezeichen federn diese Einseitigkeit ab.

Bei Richard Wagners erstem Orchesterstück schlug in jedem Takt die Pauke. Danach musste er eine Weile warten, bis er sein zweites Stück aufführen durfte. Die Moral: Setzen Sie **Ausrufezeichen** mit Bedacht.

Das **Semikolon** ist Geschmackssache. Es bereichert die Zeichensetzung um eine Nuance, kann jedoch affektiert wirken. Es ist eher für lange, anspruchsvolle Texte geeignet als für E-Mails.

3.4 Ansprechende Absätze und Überschriften

Für die Absätze gelten ähnliche Richtlinien wie bei den Sätzen:

- Halten Sie die Absätze eher kurz. Das ist angenehm fürs Auge und stimmt den Leser zuversichtlich.
- Enthält eine Liste fünf Bullet Points oder mehr, sollten Sie überlegen, ob Sie die Liste aufteilen. Bei langen Listen verlieren Leser die Motivation und den Bezug zum übergeordneten Thema.
- Variieren Sie die Länge der Absätze. Auf einer Seite voller Zwei- und Dreizeiler kann sich der Blick nirgends festhalten.
- Mindestens ebenso wichtig wie die Länge ist die Struktur der Absätze. Versuchen Sie, in einen Absatz nur einen wesentlichen Gedanken zu packen und diesen möglichst früh zu verdeutlichen. Der erste Satz sollte die Botschaft enthalten, während die übrigen begründen, detaillieren oder relativieren. Testen Sie Ihren Text, indem Sie alle ersten Sätze der Absätze hintereinander weg lesen.

Die Überschriften sollen Orientierung geben und Appetit machen. Dröge Substantivketten leisten beides nicht. So Überschriften nüchtern sind, sollten sie möglichst kurz sein. Das bedeutet, den offensichtlichen Kontext wegzulassen (also nicht „Technik des Entwerfens", „Nutzen des Entwerfens", „Struktur beim Entwerfen" etc.) und ebenso auf Details zu verzichten.

Stimulierender sind „sprechende Überschriften" mit einem Verb. Diese wirken besonders gut, wenn sie mit den anderen Überschriften der gleichen Ebene (zumindest innerhalb einer höherrangigen Überschrift) harmonieren. Ein Durcheinander stört hingegen („Technik", „Warum Entwerfen Ihnen nützt", „Strukturieren Sie richtig" etc.).

3.5 Zusammenfassung

Praktisches und Mentales

- ✓ Störungen vorbeugen, Papier und Stift parat legen.
- ✓ Durchatmen, sich ein Einstiegsritual gönnen und auf den Leser einstimmen.
- ✓ Texte nicht zwingend von vorne nach hinten schreiben – Abfolge der Stellen bewusst festlegen.
- ✓ Möglichst im Kopf vorformulieren, zumindest die Struktur des Satzes.
- ✓ Sich nicht vom inneren Kritiker aufhalten lassen, beim ersten Entwurf nirgends hängen bleiben.
- ✓ Einen mutigen ersten Entwurf schreiben.
- ✓ Fortschritte würdigen.

Die richtigen Worte

- ✓ Überflüssiges vermeiden, vor allem Adjektive, Adverbien und Füllwörter.
- ✓ Konkrete, sinnliche Worte gegenüber abstrakten Oberbegriffen bevorzugen.
- ✓ Silbenschleppzüge auflösen.
- ✓ Sich in der Begriffswelt des Lesers bewegen.
- ✓ Die Finger von abgegriffenen Redensarten lassen.
- ✓ So lebhaft und authentisch schreiben, wie man spricht – ohne Angeberei, Geschrei oder Geflüster.
- ✓ Viele aussagekräftige Verben einsetzen.
- ✓ Aktiv und positiv formulieren.

Klare, anregende Sätze

- ✓ Die Hauptsache im Hauptsatz mitteilen.
- ✓ In jedem Satz nur eine wichtige Aussage platzieren.
- ✓ Die Satzaussage mit Subjekt und ganzem Verb nach vorne stellen.
- ✓ Übersichtliche, unverschachtelte Sätze bilden. Vorsichtig sein bei Rückbezügen.
- ✓ Einen abwechslungsreichen Rhythmus mit vielen kurzen Sätzen pflegen.
- ✓ Doppelpunkt, Gedankenstrich und Fragezeichen häufig nutzen.

Ansprechende Absätze und Überschriften

- ✓ Länge variieren, jedoch tendenziell kurz halten.
- ✓ Den Hauptgedanken möglichst im ersten Satz platzieren.
- ✓ Nüchterne Überschriften kurz, sprechende harmonisch gestalten.

4. Überarbeiten

Gelungene Texte wirken leicht und natürlich, als könnten sie gar nicht anders sein, als wären sie nie anders gewesen. Wir sehen ihnen nicht an, wie oft sie überarbeitet worden sind, hier gekürzt, dort erweitert, umstrukturiert und aufpoliert. Doch Texte zu verbessern ist ein zähes Geschäft. Jedes Kapitel, jeder Abschnitt, jeder Satz und jedes Wort sind zur Verantwortung zu ziehen: Gehören sie in diesen Text? An diese Stelle? Leisten sie ihre Aufgabe bestmöglich? **„Ich bin sowieso schon überarbeitet!"**, sagt man sich – und überarbeitet seinen Text nicht weiter.

Zum Zeitmangel kommt **Unlust** hinzu. Wir wollen brillante Einfälle, und zwar sofort. Stattdessen das Klein-Klein des Korrigierens. Obendrein lässt sich der Fortschritt nicht in gefüllten Seiten messen – eher fällt Text weg. Um sich dennoch zum Überarbeiten zu motivieren, sollten Sie sich daher angewöhnen, jede kleine Verbesserung zu würdigen.

Doch selbst beim besten Willen bleiben zwei Herausforderungen: Wir müssen Distanz zu unseren Texten gewinnen und die Komplexität des Überarbeitens in den Griff bekommen.

4.1 Distanz gewinnen

Wir sind unseren Texten nahe und den Lesern fern.

1. **Wir verstehen den Gegenstand** unserer Texte besser als unsere Leser. Einen Wissensvorsprung zu haben, ist wünschenswert – schließlich wollen wir etwas Interessantes mitteilen. Wir laufen jedoch Gefahr, den Leser abzuhängen: Wir merken nicht, wenn wir unverständliche Fachbegriffe verwenden, Gedankensprünge machen oder den Leser ermüden.

2. **Wir kennen unseren Text** nahezu auswendig, spätestens, wenn wir ihn einige Male korrigiert haben. Das erschwert, kleine Fehler zu finden, Überflüssiges zu streichen oder die Möglichkeit zu entdecken, den Text anders aufzubauen. Wir werden für ihn blind und nehmen keine Schwächen mehr wahr – oder er

verschwimmt vor unseren Augen: Was uns eben noch als gelungene Metapher erschien, wirkt plötzlich gewollt und aufgesetzt. Wir sind zu nahe dran für einen nüchternen Blick.

3. **Wir sind für unsere Texte oft eingenommen**. Wir identifizieren uns mit unserem Werk und differenzieren nicht zwischen Text und Autor. Wer sich eingesteht, dass ein Satz nichts taugt, denkt leicht „Ich schreibe schlecht“, statt sich auf ein „Das habe ich schlecht geschrieben“ zu beschränken. Das behindert uns, wenn wir eigene Texte überarbeiten. Gravierender noch: Wir suchen deswegen zu selten die Kritik von anderen und nehmen sie nicht offen an. Diese allgemeine Aussage gilt besonders beim Schreiben, denn „Schreiben lernt man in der Schule“. Wir haben nicht das Gefühl, eine Expertentätigkeit auszuüben, bei der wir selbstverständlich Rückmeldung brauchen. Da kratzt Kritik am Selbstbild.

Wir können einen anderen Blick auf unseren Text gewinnen, indem wir diesen **ausdrucken** – eventuell in einem anderen Format, als wir am Bildschirm gewöhnt sind.

Sodann können wir uns den Text **laut vorlesen** und uns wie einem Fremden zuhören. Was sich nicht gut vorliest, taugt auch nicht zum stillen Lesen. Die Satzmelodie macht Einschübe kenntlich, über die das Auge sonst hinweghuscht, und Atemmangel warnt bei überlangen Sätzen. Zudem können Sie so die inhaltliche Dichte prüfen: Würde ein Hörer alles aufnehmen können? Der Leser kann zwar zurückspringen – aber in aller Regel tut er es nicht.

Wir können den Text sogar „**schlecht-lesen**“: Wenn wir zum Beispiel den Verdacht haben, ein Text könnte gestelzt sein, sollten wir versuchen, möglichst viel Gestelztes hineinzulesen. Stellen Sie sich vor, dass Sie wissen, was für ein gestelzter Mensch der Autor ist, und nun Bestätigung für dieses Urteil suchen.

Wenn es nur darum geht, Fehler in Rechtschreibung und Zeichensetzung zu finden, kann man auch **rückwärts lesen**. Dabei nimmt man sich von hinten einen Absatz nach dem anderen vor, den man dann allerdings in normaler Richtung liest. So vermeidet man, in den gewohnten Fluss zu geraten.

Nützlich ist zudem, Texte eine Weile liegen zu lassen. Je intensiver Sie daran gearbeitet haben, desto länger sollte die **Pause** sein. Widerstehen Sie also der Versuchung, den Text schnell noch abzuschließen, um ihn am nächsten Tag nicht mehr anfassen zu müssen. Schlafen Sie einmal darüber und die Überarbeitung wird Ihnen besser gelingen. Das gilt erst recht, wenn Sie der Text emotional berührt.

4.2 Komplexität meistern

Kennen Sie das Video, bei dem man zählen soll, wie oft sich eine Gruppe einen Ball hin und her passt? Man konzentriert sich so darauf, dass man übersieht, wie jemand in einem Gorillakostüm mitten durch die Bildfläche läuft. Es ist extrem offensichtlich – bloß ist unsere **Aufmerksamkeit** anderweitig gebunden.

Genauso können wir nicht auf alle Aspekte eines Textes gleichzeitig achten. Versuchen wir es dennoch, wissen wir am Ende nicht, welche Aspekte wir tatsächlich gründlich geprüft und welche groben Fehler wir übersehen haben.

Zudem verursachen wir im Laufe der Überarbeitung **neuen Änderungsbedarf**, oft ohne es zu merken. Streichen wir einen Satz, passt der Übergang nicht mehr. Ersetzen wir einen Ausdruck, beißt er sich mit der Wortwahl in der Nachbarschaft. Verdeutlichen wir ein Argument mit mehreren Beispielen, stimmt die Gewichtung gegenüber den anderen Argumenten nicht mehr.

Der naheliegende Ansatz, um Komplexität zu bewältigen, lautet: die Aufgabe **zerlegen**. Wir überarbeiten also in einem Durchgang jeweils nur bestimmte Aspekte. Und zwar so, dass wir am Ende alle Aspekte verlässlich abgedeckt haben. Und zugleich so, dass tiefgreifende Änderungen möglichst selten eine sprachlich bereits geglättete Oberfläche aufbrechen.

Dazu fassen wir Aspekte zusammen, die sich leicht gleichzeitig beachten lassen. Solche „Bündel von Qualitätsaspekten, die bei einem Überarbeitungsschritt gleichzeitig zu prüfen sind“ können wir einfacher als **Rollen** bezeichnen. Wir gehen also den Text mehrmals durch und nehmen dabei eine Rolle nach der anderen ein.

Vier Rollen haben sich bewährt, die immer mehr ins Detail gehen.

Gegenstand	**Rolle**
Gesamttext	Gesamt-Betrachter
Absätze	Absatz-Architekt
Sätze	Satz-Prüfer
Wörter	Wort-Ästhet

Denken Sie bei jeder Rolle an die Leser! Ein Argumentationsstrang mag noch so belastbar sein – wenn sich Laien-Leser darin verheddern, taugt er nicht. Und das präziseste Wort ist ungeeignet, wenn der Leser es nicht versteht.

Der Gesamt-Betrachter

Beim ersten Durchgang sind wir gegenüber unserem Text noch relativ unbefangen. Das sollten wir nutzen und den Text einmal **schnell durchlesen**. Wir halten uns dabei nicht mit Verbesserungen auf, sondern streichen verbesserungsbedürftige Stellen lediglich an. Das erfordert Disziplin: Noch mal lesen gilt nicht! Wo wir das Bedürfnis haben, von vorne anzusetzen, stimmt meist etwas nicht – also anstreichen.

Danach legen wir den Text zur Seite. Eben haben wir schnell gelesen, jetzt fühlen wir **bedächtig** nach. Vielleicht treten wir dafür ans Fenster, um nicht in Versuchung zu kommen, gleich Änderungen vorzunehmen. Wir fragen uns:

1. Was ist die **Botschaft** des Textes? Was will der Autor von mir als Leser? Das Ziel: sich die Kernbotschaft vergegenwärtigen und testen, ob sie klar herausgearbeitet ist.

2. Was waren die **stärksten Stellen**? Woran werde ich mich morgen noch erinnern? Das Ziel: fühlen, ob der Text Energie hat, und die zugkräftigen Aspekte identifizieren.

3. Gibt es **Schwächen**? Lässt der Text ein Unwohlsein zurück, dem ich nachforschen sollte? Das Ziel: zumindest die Fährte dessen aufnehmen, was noch nicht stimmt.

4. Hat der Text mir **insgesamt** gefallen? Habe ich ihn gerne gelesen? Das Ziel: abschätzen, welche Arbeit der Text noch erfordert.

Der Gesamt-Betrachter gibt uns also einen Eindruck von Umfang und Art der **erforderlichen Verbesserungen**. Zum Beispiel: „Der Text beginnt mit einem starken Bild und auch das Fazit hat Biss, aber dazwischen geht man im Argumentenbrei unter. Ich sollte einige Details streichen und die zentralen Argumente besser verbinden. Vielleicht kann ich das Bild vom Anfang als roten Faden nehmen."

Der Absatz-Architekt

Auch der Absatz-Architekt interessiert sich nur für die große Linie. Er legt den **Bauplan** des Textes offen. Bei fremden Texten kann es viel Mühe erfordern, das Durcheinander nachzuvollziehen. So Sie einen eigenen Text überarbeiten, den Sie mit einem Konzept erstellt haben, wird Ihnen dieser Schritt leichtfallen. Es lohnt sich trotzdem zu prüfen, ob der fertige Text optimal strukturiert ist.

Stellen Sie zunächst das **Thema** eines jeden Absatzes fest, gerne mit einer Notiz am Rand. Dabei prüfen Sie, dass jeder Absatz ein leicht ersichtliches Thema hat – und möglichst auch nur eines.

Danach klären Sie die **Beziehung** zwischen den Absätzen. Dazu können Pfeile an den Seitenrand zeichnen.

Schließlich machen Sie sich ans Testen und **Umbauen**.

- Gibt es **Querbezüge** zwischen den Absätzen – sollten Absätze gespalten und neu zusammengesetzt werden?
- Finden sich unangebrachte **Wiederholungen** – lassen sich Absätze oder Teile davon streichen?

- Stehen die Absätze in der didaktisch und dramaturgisch angebrachten **Reihenfolge**?
- Entspricht die **Ausführlichkeit**, mit der ein Gedanke behandelt wird, dessen Wichtigkeit?

Sie streben also nach Klarheit, Kürze, harmonischem Fluss und ausgewogenen Proportionen.

Bei schwierigen Texten können Sie einen separaten Durchgang einschieben, um den **Inhalt** zu prüfen. Das passt zum Absatz-Architekten, da sich dieser nicht um den Stil kümmert.

Suchen Sie nach (potenziellen) **Widersprüchen**. Potenziell heißt: Der genaue Leser versteht, dass Sie präzise differenziert haben, aber der flüchtige Leser glaubt, Sie würden sich widersprechen (und nimmt sich selten die Zeit, das zu überprüfen). Deswegen sollten Sie so klar schreiben, dass auch der flüchtige Leser zustimmt.

Überlegen Sie auch, **was fehlt und was zuviel ist**. Unbemerkt legt man sich auf das fest, was da ist. Das gilt insbesondere für Texte, die man bereits oft verwendet hat und nun verbessern möchte. Fragen Sie sich: „Was soll wirklich in diesen Text?", und nicht nur: „Wie kann ich das besser vermitteln?"

Und prüfen Sie, ob Sie nicht mögliche **Erwartungen** der Leser übergehen. Wenn Sie Themen auslassen, mit denen der Leser im Zusammenhang des Textes rechnet, kann dies eine ungewollte Botschaft aussenden.

Der Satz-Prüfer

Stellen Sie sich einen sehr **langsamen Leser** vor, zum Beispiel einen alten, gründlichen Menschen. Jeden Satz wiederholt er im Kopf und überlegt, wie sich dieser zum bisher Gesagten verhält und warum er ihm an dieser Stelle mitgeteilt wird. Aha, sagt er, jetzt kündigt der Autor ein neues Thema an, jetzt erklärte er, jetzt gibt er ein Beispiel und jetzt fasst er zusammen. Und bevor der Satz-für-Satz-Leser nicht „aha" gesagt hat, geht er nicht weiter.

Statt sich in der Rolle des Satz-Prüfers selbst in den alten Menschen zu versetzen, können Sie sich auch vorstellen, einen kurzsichtigen, tattrigen Greis durch den Text zu führen. Da reicht es nicht, dass keine großen Stolpersteine im Weg liegen – jede Unebenheit muss geschliffen werden.

Mit dieser Gründlichkeit prüfen Sie:

1. die zuvorkommende **Führung** des Lesers durch den Text (mit Ankündigungen, Beispielen und Zusammenfassungen)
2. die leserfreundliche **Reihenfolge** der Gedanken, sowohl in der Satzfolge (nicht springen, nichts zu früh voraussetzen) als auch innerhalb der Sätze (erst die Folge oder erst die Begründung bei Weil-Sätzen; erst das Ziel oder erst die Maßnahme bei Um-zu-Sätzen etc.)
3. die **Verständlichkeit** und angemessene Dichte des Textes (ein langsamer Mensch muss alles mit einem ruhigen Kopfnicken verstehen können).

Selbstverständlich kontrollieren Sie dabei auch, ob Sie beim Ausformulieren die Regeln für klare, anregende Sätze beachtet haben: die Hauptsache in den Hauptsatz, nur eine wichtige Aussage pro Satz, die Satzaussage nach vorne, übersichtliche Sätze, geeigneter Satzrhythmus und abwechslungsreiche Satzzeichen.

Der Wort-Ästhet

Zuletzt kommt der Genießer, der Ästhet, der Liebhaber, der bei jedem Wort verweilen möchte. Mit dieser Hingabe nehmen Sie die Sprache auf und denken dabei an die Regeln zur Wortwahl, die Sie bereits beim Ausformulieren beachtet haben:

1. Ist das Wort **notwendig**? Der Genießer ist anspruchsvoll, er duldet ein Wort nur, wenn es zu Verständnis oder Textrhythmus beiträgt. Alles, was ablenkt und aufbläht, ist ihm ein Graus.
2. Ist das Wort für sich genommen **gut**: anschaulich, kurz, ausdrucksstark, unverbraucht? Wie wirkt das Wort auf den Leser? Passt es in seine Begriffswelt?
3. Ist der Stil **angemessen**? Weder zu forsch noch zu ängstlich und auf keinen Fall hochtrabend?

4. Ist der Text reich an starken, **aktiv** gebrauchten Verben? Zählen Sie ab und an das Verhältnis von Substantiven und Verben und beurteilen Sie die Kraft der Verben.

Außerdem muss sich jedes Wort in den **Kontext** fügen. Passt es stilistisch zu den umgebenden Wörtern und dem gesamten Text? Trifft es genau den Sinn, der an dieser Stelle vermittelt werden soll?

Umgang mit Rollen

Zu Beginn kann es schwierig sein, die Rollen zu trennen und die passende Flughöhe beizubehalten. Hier also noch einmal der Überblick:

1. Der Gesamt-Betrachter liest den Text rasch durch und spürt Botschaft, Stärken, Schwächen und Bearbeitungsbedarf nach.
2. Der Absatz-Architekt konzentriert sich auf den Inhalt: Auswahl, Reihenfolge, Gewichtung und Richtigkeit.
3. Der Satz-Prüfer achtet darauf, wie gut der Leser durch den Text geführt wird. Er will den Inhalt durch klare Sätze vermitteln.
4. Der Wort-Ästhet gibt sich ganz der Sprache hin, immer in Anbetracht der Wirkung auf den Leser.

Denken Sie: „Das klingt alles einleuchtend, nur ist es in der Praxis nicht durchzuhalten“? Da haben Sie recht. Kein Mensch wird immer alle diese Rollen voll durchspielen. Allerdings ist das eine gute **Übung**. Sie lernen dabei viel über Ihre Texte und Sie steigern Ihre Fähigkeit, Texte zu überarbeiten.

Ansonsten sollten Sie **flexibel** vorgehen. Gesamt-Betrachter und Absatz-Architekt lassen sich mit etwas Übung in einem Zug bewältigen, und ebenso der Satz-Prüfer in Verbindung mit dem Wort-Ästheten. Also ein Durchgang für die große Linie, einer für die Details. Gerade bei Texten, die Sie so ähnlich schon zuvor geschrieben und für die Sie ein gutes Gespür entwickelt haben, kann sich die Kontrolle der großen Linie auf ein Überfliegen und Nachfühlen reduzieren.

Auch wenn Sie den Text auf mehreren Ebenen gleichzeitig kontrollieren, hilft es Ihnen, dass Sie nicht einfach mal schauen, was Sie so verbessern könnten, sondern dass Sie ein **klares Schema** der Prüfkriterien im Kopf haben.

Selbstverständlich können Sie Ihre Rollen **anders zuschneiden** – allgemein oder für einen spezifischen Text. Wenn Sie zum Beispiel zwei sehr unterschiedliche Adressaten haben, können Sie den Text nacheinander aus deren Perspektive lesen.

Bei **langen Texten** bietet es sich an, ein Kapitel oder sogar den ganzen Text mit dem Gesamt-Betrachter durchzugehen und dann abschnittsweise die drei anderen Rollen anzuwenden. Ergeben sich viele Änderungen, ist es sinnvoll, diese nach jedem Abschnitt direkt einzuarbeiten, solange die Erinnerung noch frisch ist.

4.3 Ausdrucken und korrigieren

Die folgenden Ratschläge sind sehr konkret – und damit gewagt. Einige werden sagen: „Ob ich am Bildschirm überarbeite oder meinen Text dafür ausdrucke, ist Geschmackssache.“ Andere werden einwenden: „Was ich hier lese, ist banal. Natürlich mache ich das so.“ Verstehen Sie die Ratschläge als ein Angebot, eine Liste mit Erfahrungswerten. Vielleicht finden Sie darin nützliche Ideen für den Schreiballtag.

Ausdrucken

Es ist oft vorteilhaft, Texte zur Überarbeitung auszudrucken.

1. Wenn wir unseren Text in den Händen halten, gewinnen wir einen **frischen Blick**.

2. Alle Seiten vor sich zu sehen, gestattet einen besseren **Überblick** als der Ausschnitt am Bildschirm.

3. **Flüchtigkeitsfehler** finden sich leichter.

4. Wir **entlasten die Augen**, wenn wir ihnen eine Pause von der Bildschirmarbeit gönnen. Zusätzlich können wir den Körper

entspannen, wenn wir den Ausdruck im Stehen oder auf einer bequemen Couch lesen.

Bei mehrseitigen Texten bietet es sich an, nicht gleich alles auf einmal zu drucken. Änderungen am Anfang ziehen oft Änderungen weiter hinten im Text nach sich. Wenn wir zu den hinteren Textteilen kommen, wollen wir diese Änderungen bereits eingearbeitet sehen.

Hingegen sollten wir großzügig mit dem Papier sein, wenn wir einen Text mehrfach überarbeiten. Eine große Zahl von Korrekturen macht den Text unübersichtlich, sowohl beim Überarbeiten als auch beim nachfolgenden Einarbeiten. Also im Zweifelsfall nach jedem Durchgang neu ausdrucken.

Korrigieren

Zum Überarbeiten bietet sich ein **farbiger Stift** an, vorzugsweise Rot. Manche Menschen arbeiten lieber mit einem Bleistift, um radieren zu können. Die Wahl hängt unter anderem davon ab, ob man auf dem Papier detailliert umformuliert oder nur Stichpunkte notiert und dann am Bildschirm nach alternativen Formulierungen sucht.

Eine Art von **Korrektursprache** zu nutzen, spart Zeit und hilft, die Übersicht zu behalten.

Beispiele für individuelle Korrektursprache (am Rand)

?	Sinn ist unklar/inhaltlich überarbeiten
Pfeil von A nach B	Textfluss zwischen A und B verbessern
Δ	Unterschied verdeutlichen
≠	Widerspruch auflösen
sb	Satzbau überarbeiten
bsp	Beispiel einfügen
Schlangenlinie	Formulierung überarbeiten
Strich	Detailänderung beachten (Komma etc.)

Ein weiterer kleiner Tipp: Mit Zahlen vor Worten lassen sich Sätze umstrukturieren. (^{3}Mit Zahlen vor Worten ^{2}lassen sich ^{1}Sätze ^{4}umstrukturieren.)

Manchmal sagt uns ein Bauchgefühl, dass etwas nicht stimmig ist, aber wir wissen nicht, wo der Fehler liegt. Oder die Schwachstelle ist offensichtlich, bloß fällt uns partout keine Lösung dafür ein. Lösen Sie sich in solchen Fällen vom Text und wenden Sie sich dem **leeren Blatt** zu, das immer neben der Tastatur bereitliegt. Notieren Sie Begriffe, die in Frage kommen, skizzieren Sie die Zusammenhänge, zeichnen Sie Bilder.

Wenn Sie bei einer Formulierung feststecken, nutzen Sie die **Synonym-Funktion** im Textprogramm oder im Internet. Oder bauen Sie den Satz so um, dass sich die ursprüngliche Schwierigkeit erübrigt.

Wenn all das nicht hilft, sollten Sie die Stelle markieren [zum Beispiel mit eckigen Klammern, die optisch nicht stören und sich über die Such-Funktion leicht finden lassen] und **weitergehen**. Manchmal kommt der vergeblich gesuchte Einfall ganz von allein, und manchmal erledigen Umstellungen und Streichungen ein Formulierungsproblem. Auf jeden Fall sollten Sie sich nie davon abhalten lassen, einem Zweifel mit dem Rotstift Ausdruck zu verleihen, nur weil Ihnen im Moment nichts Besseres einfällt!

Überarbeitet man einen Text wieder und wieder, gerät man leicht in eine Korrigier-Mentalität: Man sieht nur noch Fehler, keine Möglichkeiten mehr. Erinnern Sie sich wieder an Ihren **Möglichkeitssinn**! Mittlerweile haben Sie den Text derart durchdrungen, dass Ihnen neue Lösungen einfallen können. Die stellen sich besonders gerne ein, wenn Sie beim Überarbeiten ab und an innehalten und die Gedanken schweifen lassen.

4.4 Mit Kommentatoren zusammenarbeiten

Das Ideal des genialen Schriftstellers, der Meisterwerke aus den Tiefen seines Geistes schöpft, gilt nicht für Gebrauchstexte. Wenn ein literarischer Autor sagt: „Dieses Wort an dieser Stelle ist Teil meines Kunstwerks“, lässt sich nichts dagegen einwenden, außer dass es seinem Erfolg abträglich sein könnte – aber Erfolg ist nicht der Maßstab für Kunst. Gebrauchstexte hingegen sollen die Leser ansprechen, informieren und zu Handlungen bewegen. Ob ein Text dies leistet, kann der Schreibende am besten mit Hilfe von **Kommentatoren** beurteilen, die ihm Rückmeldungen geben.

Kommentatoren auswählen

Es ist sinnvoll, mit einigen wenigen **Vertrauten** ein langfristiges (und möglichst wechselseitiges) Korrekturverhältnis aufzubauen.

Allerdings sollten Sie daneben auch Kommentare von anderen Personen einholen – und zwar nicht nur von solchen, die Ihnen besonders geneigt oder von Ihnen abhängig sind. Freunde und Assistenten sind zwar am besten verfügbar, aber selten restlos ehrlich. Das kann daran liegen, dass sie Sie schonen möchten oder dass ihre allgemeine Achtung für Ihre Person auf die Wahrnehmung des konkreten Textes abfärbt. Deshalb ist es gut, ab und an von **Fremden** Kritik zu hören.

Auch in anderer Hinsicht ist eine **Mischung** vorteilhaft: Fragen Sie Experten, die mit Thema und Kontext vertraut sind, Sprachtalente, die sich an den Formulierungen reiben, und Leser, die dem Zielpublikum ähneln.

Ein letzter Rat: Wer kommentiert, macht sich den Text zu eigen – vorausgesetzt, Sie gehen auf die Vorschläge ein. Manchmal ist es daher geschickt, **Schlüsselpersonen** einzubeziehen und sich nach ihnen zu richten, auch wenn der Text dadurch „nicht besser“ wird. Wenn Sie zum Beispiel einen Projektvorschlag entwickeln, kann es günstig sein, einige der späteren Entscheidungsträger einzubeziehen, damit diese sich mit Ihrem Vorschlag bereits im Vorfeld anfreunden.

Kommentatoren einsetzen

Sobald Sie die Wunsch-Kommentatoren ausgewählt haben, sollten Sie planen, in welcher **Reihenfolge** Sie diese einsetzen. Es ist günstig, einen sachkundigen Menschen oder einen mit kreativen Ideen zuerst anzuhören, einen mit Sinn für sprachliche Harmonie und Richtigkeit am Ende. Manchmal ist es unvermeidlich, einen Text an mehrere

Kommentatoren gleichzeitig zu schicken. Durchdenken Sie das besonders gut – es entsteht leicht ein Versions-Chaos.

Als Nächstes sollten Sie sich mit den Kommentatoren **absprechen**. Klären Sie, wie viel Arbeitszeit die Kommentierung in etwa beanspruchen wird, und legen Sie fest, wann Sie den Text übermitteln und wann Sie ihn zurückerhalten. Achten Sie darauf, dass beide Seiten dazu neigen, den Aufwand zu unterschätzen: Sie wünschen, dass der Kommentator zusagt, und zwar für einen möglichst frühen Termin; der Kommentator ist tendenziell zu optimistisch und möchte Ihnen entgegenkommen.

Wenn Sie den Text verschicken, sollten Sie zugleich dessen Hintergrund und Ihre **Erwartungen** mitteilen: was Sie mit dem Text bezwecken, ob weitere Kommentatoren den Text vor der Publikation durchgehen werden und was Sie sich von der Rückmeldung versprechen.

Zum Beispiel: „Das ist mein erster Beitrag für die *Weltzeitung*. Der muss perfekt sitzen. Nach dir gebe ich ihn noch an eine Kollegin, die ein gutes Auge für formale Fehler hat. Ich wünsche mir, dass du vor allem auf den Stil achtest. Ist er lebendig/pfiffig genug, ohne künstlich zu wirken? Und passt er zur *Weltzeitung*?"

Denken Sie daran, dass Kommentatoren in der Regel bearbeiten, was da ist, aber sich wenig Gedanken über das machen, was da sein könnte oder nicht da sein sollte. Fragen Sie also bei Bedarf nach inhaltlichen Ergänzungen und Streichungen.

Machen Sie insbesondere deutlich, wenn auch an den Eckpunkten gerüttelt werden darf: „Vielleicht sollte ich den Text ganz anders aufziehen. Er wirkt etwas dröge. Ich könnte eine Geschichte daraus machen. Notfalls könnte ich ihn auch drastisch kürzen. Was meinst du?"

Arbeitet man häufiger zusammen, kann eine Standardisierung lohnen.

Beispiel: Standardisierte Hinweise für Kommentatoren

0 = ignorieren, 5 = maximale Aufmerksamkeit

Inhalt	5
Struktur, Leserführung, Verständlichkeit	3
Sprache, Stil	2
Rechtschreibung, Zeichensetzung, Formatierung	0

Spezifische Fragen sollten Sie an den betreffenden Textstellen platzieren. Man neigt dazu, bei solchen Fragen die eigenen Präferenzen durchscheinen zu lassen – entweder um sich eine Bestätigung abzuholen oder weil man erwartet, dass der andere ohnehin zum gleichen Schluss kommen wird und man es lieber schon selbst gewusst haben will. Widerstehen Sie dieser Versuchung und formulieren Sie Fragen neutral.

Vereinbaren Sie mit den Kommentatoren, dass diese die **Intensität** ihrer Meinung ausdrücken. Wenn ihnen eine Anmerkung sehr wichtig ist, können sie zum Beispiel ein Ausrufezeichen dahinter setzen, während sie Vorschläge, bei denen sie selbst nicht sicher sind, mit Klammern oder Fragezeichen versehen.

Bei der Überarbeitung am Computer empfiehlt es sich, Kommentarboxen und die Funktion „Änderungen nachverfolgen“ zu nutzen. Allerdings erhält man meist gründlichere Kritik, wenn der Kommentator sich den ausgedruckten Text vornimmt. Im Idealfall sendet Ihnen der Kommentator seine **handschriftlichen Anmerkungen** gescannt zu. So kann er sie bei einer Rücksprache zu Rate ziehen.

Falls Sie einen langen Text haben, ist es sinnvoll, sich vom Kommentator eine **Probe** seiner Anmerkungen geben zu lassen und gegebenenfalls die Absprache anzupassen.

Bedanken Sie sich angemessen. Die Kommentatoren haben Ihnen Zeit geschenkt und eigene Projekte warten lassen. Also schicken Sie nicht nur eine freundliche Empfangsbestätigung. Erwähnen Sie die

Unterstützung in Ihrem Text oder auf der nächsten Teamsitzung. Und lassen Sie die Kommentatoren am Erfolg teilhaben, indem Sie sich nach der Publikation nochmals melden.

Umgekehrte Sicht: fremde Texte kommentieren

Entsprechend gehen Sie vor, wenn Sie einen **fremden Text kommentieren**:

1. Holen Sie sich genaue Angaben, was der Text bei welchen Lesern bezwecken soll, wo der Text im Überarbeitungsprozess steht und was der Autor von Ihnen erwartet. Versuchen Sie, einen spezifischen Auftrag zu erhalten, der der Zeit angemessen ist, die Sie einsetzen wollen. Lassen Sie sich keinen Text aufdrängen, den hervorgehobene Änderungsvorschläge eines vorangehenden Kommentators verunstalten – lassen Sie den Autor diese erst konsolidieren. Halten Sie bei Zweifeln Rücksprache.

2. Drucken Sie den Text aus, vor allem, wenn Sie eine Übersichtsleistung erbringen sollen (Rollen Gesamt-Betrachter und Absatz-Architekt). Drucken Sie ihn möglichst ohne Markups/Kommentarboxen aus, sonst bindet die kleine Schrift Ihre Konzentration.

3. Wenn der Autor mehr als Fehlerkontrolle wünscht, sollten Sie den Text auf sich wirken lassen. Teilen Sie sich die Zeit so ein, dass Sie über den Gesamteindruck nachdenken können (auch wenn Sie nicht alle vier Überarbeitungsrollen einnehmen).

4. Verdeutlichen Sie die Intensität Ihrer Kommentare – von „ändern?“ bis „ändern!“ – und loben Sie auch.

Kommentare verwenden

Beim **Einarbeiten** kann es vorteilhaft sein, zunächst die Kleinigkeiten zu erledigen und die aufwendigeren Punkte zu markieren. Zum einen können Sie die vielen kleinen Änderungen leichter vornehmen, solange Sie den Text nicht wesentlich umgebaut haben. Zum anderen verschaffen Sie sich so einen Überblick über alle Kommentare, ehe Sie mit arbeitsintensiven Schritten beginnen.

Die wertvollste Botschaft steckt oft nicht in den einzelnen Aussagen, sondern in der **Gesamtbotschaft**, die Sie herauslesen können. Kommt der Text so an, wie Sie ihn beabsichtigt haben? Was sind die Gemeinsamkeiten der Änderungsvorschläge?

Gerade das macht es interessant, mit dem Kommentator **Rücksprache** halten, nachdem Sie die Anmerkungen eingearbeitet haben, soweit diese eindeutig sind. Besprechen Sie Anmerkungen bald – Kommentatoren vergessen schnell. Die Rücksprache bietet zwei Vorteile:

- Kommentatoren gehen meist so vor, dass sie all ihre detaillierten Kritikpunkte notieren und den Text sofort zurück an den Autor schicken, ohne weiter darüber nachzudenken. In einem Gespräch kann der Kommentator also eine **Gesamtwürdigung** des Textes abgeben, für die er sich zuvor keine Zeit genommen hat. Vielleicht hat der Kommentator auch bereits eine solch grundlegende Meinung entwickelt, diese aber nicht an Sie weitergegeben, etwa weil er sie nicht kurz und knapp auf den Punkt bringen konnte oder Sie nicht kränken wollte.
- Ein Gespräch bietet die Chance, dass **neue Einfälle** zu Ihrem Text entstehen („Übrigens, zu dem Thema habe ich kürzlich etwas gelesen/tolle Bilder gesehen ...“).

Ebenso kann sich der größte Gewinn aus Ihren eigenen Gedanken ergeben, zu denen Sie die Kommentare anregen. Arbeiten Sie nicht einfach die Vorschläge ab, sondern nutzen Sie den Moment der Distanz, den die Meinung eines Probelesers bietet. Schalten Sie wieder den **Möglichkeitssinn** ein. Der Kommentator mag bemängelt haben, dass die Sprache zu komprimiert ist. Sie prüfen das, sind nicht einverstanden und fragen sich nun: Was können Sie aus dieser Mitteilung machen? Zu eng, zu bedrückend ... Wie wäre es eigentlich, den A4-Einseiter in ein A5-Faltblatt mit Platz für graphische Elemente umzuwandeln? Und schon wirkt auch die Sprache leichter.

Achtung: So wichtig Kommentare sind, bergen sie auch eine Gefahr, nämlich Texte „**grau zu schleifen**“. Alles, was bunt und witzig und provokativ ist, stört irgendjemanden. Wenn ein Text über fünf

Schreibtische wandert, kommt etwas heraus, das niemanden stört – und jeden langweilt.

Ein Gegenmittel liegt darin, die fraglichen Textstellen zu markieren. Bei vehementer und wiederholter Kritik können Sie den Text entschärfen. Nehmen Sie hingegen Gewagtes vorschnell heraus, wird niemand dafür eintreten, es hineinzunehmen (schließlich bekommt es niemand mehr zu Gesicht).

Man kann Kommentatoren auch bitten, Formulierungen hervorzuheben, die ihnen **gefallen** haben. Wenn drei Leute einen Vergleich treffend finden und einer ihn ablehnt, werden Sie ihn wahrscheinlich beibehalten. Hören Sie dagegen nur die Kritik des einen, sind Sie versucht, den Vergleich zu streichen.

Beispiel: Kommentare zum Satz-Prüfer

A: „Das Bild des alten Menschen hilft mir nicht, sondern nur das des gründlichen Menschen. Das Alter als Eigenschaft finde ich zu platt."

B: „Auch wenn der ein oder andere das klischeehaft finden mag, ist es ein schönes Bild und man sieht sofort den älteren Menschen grübelnd am Tisch sitzen."

Auch über die einzelne Formulierung hinaus ist das Loben nützlich. Es hilft dem Autor zu erkennen, was die **Stärken** in einem Text sind – und diese auszubauen oder in weiteren Texten zu nutzen („Aha, dieses Argument/Beispiel zieht!").

Und ja: Lob tut gut. Egal wie hart wir uns im Beruf geben, wir bleiben Menschen. All die Kritik – die wir durchaus dankbar umsetzen mögen – beeinträchtigt uns; vielleicht nur ein wenig, vielleicht merken wir das gar nicht, aber: Angemessenes Lob macht **gute Laune** und damit produktiv.

4.5 Streichen

Zum Schluss einige Überlegungen zur Essenz des Überarbeitens, dem Streichen. Wir neigen allgemein zur **Langatmigkeit** – wir sollten uns also meist fürs Streichen entscheiden, wenn wir an einer Stelle zweifeln. Selbst wenn wir das Problem nicht benennen können, jedoch mehrmals an einer Stelle hängen bleiben, sollten wir probehalber streichen.

Solche Härte fällt schwer. Daher bietet sich ein **Archiv** an, in dem wir entfernte Textstellen sammeln. Das erleichtert die Beseitigung störender, aber liebgewonnener Formulierungen und Argumente. Wenn wir uns beim Streichen nicht ganz sicher fühlen, so lohnt es sich, im Text (zum Beispiel mit einer Kommentar-Box) auf die alte Version hinzuweisen. Manchmal entwickelt sich der Text so, dass die gestrichene Passage später passt.

Vorsicht: Man sollte den Text **lichten, nicht kahlschlagen**. Anregende Zusätze wie Fragen zum Mitdenken, Beispiele und Sprachwitz sind gefällig. Leser schätzen es, wenn sich der Schreibende Mühe gibt, um ihnen Freude zu bereiten. Sie können solche Texte auch besser verstehen und im Gedächtnis behalten. Um die Grenze zwischen Lichten und Kahlschlagen zu finden, brauchen Sie Fingerspitzengefühl. Aber machen Sie sich keine Sorgen: Wenn Sie aufmerksam ans Werk gehen, werden Ihnen kaum grobe Schnitzer unterlaufen.

4.6 Zusammenfassung

Distanz gewinnen

- ✓ Texte ausdrucken, laut vorlesen, „schlecht-lesen“ und ruhen lassen.

Komplexität meistern

- ✓ Vom Großen zum Kleinen vorgehen.
- ✓ Dabei flexibel Rollen wie Gesamt-Betrachter, Absatz-Architekt, Satz-Prüfer und Wort-Ästhet einnehmen.

Ausdrucken und korrigieren

- ✓ Ausgedruckte Texte mit farbigen Stiften und Symbolen korrigieren.
- ✓ Sich nicht verbeißen; bei Problemen skizzieren oder weitergehen.
- ✓ Anstreichen, auch wenn sich keine Alternativen anbieten.
- ✓ Neben der Korrigier-Mentalität auch den Möglichkeitssinn pflegen.

Mit Kommentatoren zusammenarbeiten

- ✓ Positive Einstellung zu Kritik entwickeln.
- ✓ Gemischte Kommentatoren auswählen: Experten, Kritiker und repräsentative Leser, Freunde und Fremde.
- ✓ Kommentatoren in einer günstigen Reihenfolge einsetzen.
- ✓ Sich mit Kommentatoren genau absprechen.
- ✓ Sich die Intensität der Meinung angeben lassen.
- ✓ Auch Gelungenes hervorheben lassen.
- ✓ Nicht vorschnell streichen, was anderen missfällt.

Streichen

- ✓ Bei eigenen Bedenken im Zweifelsfall streichen.
- ✓ Gelöschtes in einem Archiv sammeln.
- ✓ Ausreichend anregende Zusätze behalten.

5. Weitere Tipps

Wir haben die vier wesentlichen Schritte der Texterstellung analysiert: Vorbereiten, Entwerfen, Ausformulieren, Überarbeiten. Es fehlt noch ein letzter Schritt, der zwar ebenfalls wichtig ist, doch zu kurz für ein eigenes Kapitel, nämlich das Ablegen und Wiederverwerten.

Es folgen zwei Prozesse, die während verschiedener Phasen der Texterstellung zu berücksichtigen sind: Zusammenarbeiten und Lernen.

Als Nächstes: Ratschläge, wie Sie Texte optisch ansprechend gestalten und wie Sie „das schöne Geschlecht" sprachlich einbeziehen, ohne den Text zu verunstalten.

Zum Schluss geht es pragmatisch um Arbeitsplatz und Software.

5.1 Ablegen und Wiederverwerten

Gute Texte bestehen aus in sich schlüssigen **Bausteinen**. Wenn Sie es eilig haben, können Sie aus zwei oder drei alten Texten einzelne Bausteine wählen, diese ordnen, kitten – und fertig ist ein passabler „neuer" Text.

Oder Sie lesen lediglich durch, was Sie in der Vergangenheit geschrieben haben, ehe Sie einen ähnlichen Text angehen. Möglicherweise wollen Sie gar nichts entlehnen, sondern im Gegenteil vermeiden, dass Sie genauso wie beim letzten Mal klingen.

In jedem Fall benötigen Sie eine strukturierte, saubere **Ablage**. Ihr Schreibprojekt endet nicht damit, dass Sie die endgültige Version abschicken. Danach prüfen Sie noch:

- Ist das Dokument im richtigen **Verzeichnis** abgespeichert?
- Hat das Dokument einen **Namen**, an dem Sie es auch in ein, zwei Jahren wiedererkennen?
- Sind alle **Zwischenversionen** und sonstigen nicht mehr benötigten Arbeitsdateien gelöscht?

- Ist absehbar, wie Sie den Text in Zukunft noch nutzen könnten? Dann legen Sie einen **Verweis** an.

5.2 Zusammenarbeiten

Formulieren ist eine einsame Tätigkeit. Beim Vorbereiten, Entwerfen und Überarbeiten von Texten haben wir hingegen gesehen, wie sinnvoll es ist, sich mit anderen auszutauschen.

Bauen Sie mit den Menschen, mit denen Sie am besten an Texten zusammenarbeiten, eine **langfristige Austauschbeziehung** auf.

1. **Kooperationsprozesse** spielen sich ein. Sie brauchen weniger Absprachen und trotzdem läuft die Zusammenarbeit glatter.

2. Sie entwickeln eine gemeinsame **Arbeitssprache**. Ein Wort zum Konzept oder Text reicht, damit der Autor weiß, welches Problem (wieder einmal) behoben werden sollte.

3. Mit der Zeit lernt der Kommentator den Stil des Autors kennen und kann unterscheiden, was **Eigenarten** sind, an denen der Autor festhalten möchte, und was sich anzustreichen oder vorzuschlagen lohnt.

4. Der Autor verinnerlicht aus Erfahrung, dass die Kritik des Kommentators wohlgemeint und fundiert ist. Das ermöglicht einen **offeneren Austausch** über die Texte.

5. Der Kommentator kann dem Autor allgemeinen Rat geben, wie er nicht nur einen Text, sondern seinen **gesamten Schreibstil** und seine Arbeitsweise verbessern kann. Zum Beispiel, dass Briefe meist zu förmlich, dass Sätze eher zu lang oder dass Texte oft ungenügend strukturiert sind.

Wenn Sie in Ihrer Organisation oder zumindest mit den Personen, mit denen sie regelmäßig an Texten arbeiten, die **Methodik und Terminologie** dieses Ratgebers zu Grunde legen, werden Sie die Zusammenarbeit weiter vereinfachen. Zum Beispiel werden Sie feststellen, dass Kritik weniger schmerzt, wenn sie selbstverständlicher Teil des Text-Handwerks ist und entsprechend technisch vermittelt wird: „Aus der Sicht des Gesamt-Betrachters kann ich dir sagen ..." oder „Was ist deine Kernbotschaft?" statt „Das gefällt mir irgendwie nicht." oder „Mach das so! Das ist besser, ich weiß auch nicht, warum, aber das merkt man doch!"

5.3 Lernen

Sie lernen besser schreiben, **indem Sie besser schreiben**. Das ist weder banal noch paradox. Denn die Qualität unserer Texte hängt von der Zeit und Mühe ab, die wir in sie stecken, und von der Disziplin, mit der wir unseren Schreibprozess gestalten. Bei jedem Text haben wir Spielraum nach oben. Und mit jedem Text, bei dem wir unser Bestes geben, werden wir besser.

Verstärken Sie diesen Lerneffekt, indem Sie sich bewusst Gedanken über Ihr Schreiben machen und Notizen dazu anlegen. **„Erkenne dich selbst!"** gilt auch hier. Was mache ich wie? Ist das gut oder schlecht? Was will ich anders machen? Rufen Sie sich die Antworten auf diese Fragen ins Bewusstsein, wenn Sie sich daran machen, Texte zu erstellen. Prüfen Sie, ob Sie tatsächlich so vorgehen, wie Sie glauben – und versuchen Sie, sich an die guten Vorsätze zu halten.

Setzen Sie sich einmal übungshalber mit einigen Ihrer Texte auseinander. Lesen Sie sie einige Zeit später, als ob Sie deren Empfänger wären, ohne sich zuvor eingedacht zu haben. Überlegen Sie, welche Lehren Sie daraus für künftige Texte ziehen können.

Auch von anderen können Sie lernen. Lassen Sie den **Textkritik-Modus** bei allem mitlaufen, was Sie ohnehin täglich lesen. Werfen Sie bei besonders gelungenen Texten einen genaueren Blick auf und hinter die Worte. Es lohnt sich, einige solche Vorbilder zu sammeln und ab und an hervorzuholen.

5.4 Optik

Fotos, Cartoons, Skizzen, selbst Charts erfreuen das Auge. Sie fördern das Verständnis, rufen Emotionen wach und bleiben in Erinnerung. Dieser Ratgeber enthält wenig **Grafisches**, da er kompakt und E-Book-tauglich sein soll. Meist sollte man sich jedoch von der Werbung leiten lassen – nicht zum Kauf, nur zur Bebilderung.

Sie lesen den Text: „Die klügere Zahnbürste, die nachgibt und deshalb nicht das Zahnfleisch verletzt" – da passiert nicht viel. Aber wenn der Spruch mit einer Zahnbürste bildlich an zarter Tomatenhaut demonstriert wird, prägt sich die Botschaft ein.

Wenn Sie während der Erstellung des Textes Skizzen angefertigt haben, sollten Sie überlegen, ob sich diese als Vorlagen für Grafiken eignen.

Auch **der Text selbst** sollte einen angenehmen optischen Eindruck vermitteln – und zudem mühelose Orientierung ermöglichen. Das ermutigt zum Lesen, erleichtert das Verstehen und hilft beim Merken.

- Verwenden Sie Überschriften, hervorgehobene Schlagworte und Marginalien (Zusammenfassungen von Absätzen am Seitenrand). Wenn diese bunt sind, erfasst das Auge die Struktur noch rascher. Unterstreichungen sind ungeeignet, da sie die Lesbarkeit erschweren.
- Aufzählungszeichen gliedern im Feinen. Wenn Texte als Diskussionsgrundlage dienen sollen, sind nummerierte Listen Bullet Points vorzuziehen, insbesondere bei langen Aufzählungen.
- Durchbrechen Sie die Monotonie und schaffen Sie Raum durch kurze Absätze, gelegentliche Textboxen und großzügigen Rand. Letzteres verkürzt bei A4-Seiten zudem die Zeilenlänge und erleichtert so dem Auge das Lesen.
- Verwenden Sie allgemein Blocksatz. Briefen verleiht Flattersatz einen beweglicheren, weniger monolithischen Charakter.

Um die optische Wirkung zu prüfen, können Sie den Text von sich gestreckt betrachten, ohne dabei zu lesen.

5.5 Mann, Frau und Gender

In der Gesellschaft gleichen sich die Rechte von Schwarzen und Weißen, Männern und Frauen, Heterosexuellen und Homosexuellen an. Die Sprache bildet diesen Fortschritt verzögert und unvollständig ab: Frauen haben die linguistische Verkettung mit Kindern und Küche durchbrochen, ganz selbstverständlich reden wir von der deutschen Bundeskanzlerin und der amerikanischen Außenministerin.

Leider ist unsere Sprache (noch) nicht durchgehend und natürlich genderneutral. Wir sind „man“ gewohnt, nicht „frau“ oder „mensch“. Konstruktionen wie „TechnikerIn“ werden beschwerlich, wenn „der/die“ hinzukommen – und gar noch „seine/ihre“ im Folgesatz.

Bei Beispielen ist es oft möglich, auf die TechnikerIn zu verzichten, und die Rollen ausgewogen zu verteilen: auf die Technikerin, den Krankenpfleger, die Kassiererin und den Hausmann. An anderen Stellen lässt sich das Geschlecht durch den Plural verdecken. Tipps, wie Sie möglichst elegant genderneutral formulieren, finden Sie im Internet. Es bleibt eine Abwägungssache.

Mein persönlicher Kompromiss lautet: Wo die Nennung des Geschlechts keine gesellschaftspolitische Aussage in sich trägt, die genderneutrale Formulierung jedoch erhebliche sprachliche Nachteile mit sich bringt, verzichte ich darauf. Daher spreche ich in diesem Ratgeber zum Beispiel von „der Leser“ im Singular, „die Leser“ im Plural, „man“, „wir“ und „Sie“. Ohne „Leser“ und „man“ wäre der Stil eintönig geworden. Eine Alternative wäre gewesen, gelegentlich von „der Leserin“ zu sprechen. Das wiederum hätte Verwirrung gestiftet: Eben ging es noch um den Leser, jetzt um die Leserin – beabsichtigt der Autor eine Unterscheidung? Lesen Frauen anders? Beachten Sie im Abwägen den Kontext: Bei einem politischen Text ist die Genderneutralität besonders wichtig.

5.6 Arbeitsplatz

Gehen Sie rücksichtsvoll mit sich um und schreiben Sie nach Möglichkeit nicht direkt in den Laptop, sondern an einem ergonomisch eingerichteten **Arbeitsplatz** mit Tastatur und Bildschirm.

Wenn Sie Informationen vom Computer in den Text einarbeiten, bieten sich **zwei Bildschirme** an (wovon der eine der Laptop sein kann).

Praktisch ist auch eine Vorrichtung, um ausgedruckte Dokumente während der Bildschirmarbeit mit einem Blick ohne Verrenkung lesen zu können. Hierfür gibt es klappbare **Buch-Lese-Ständer**.

Richten Sie sich nicht nur den physischen Arbeitsplatz ein, sondern auch den virtuellen. Passen Sie Software Ihren Bedürfnissen an. Zum Beispiel lohnt es sich bei Textverarbeitungsprogrammen in aller Regel, **individuelle Shortcuts** zu definieren. Befehle, die Sie häufig brauchen, sollten mit zwei Tasten erreichbar und so angeordnet sein, dass Sie sie schnell finden.

Die automatische **Spracherkennung** hat sich in den letzten Jahren erheblich verbessert und ist einen Versuch wert. Manchen Menschen fällt es damit leichter, Gedanken zu verschriftlichen und zugewandt zu texten. Aber achten Sie darauf, strukturierter und prägnanter zu diktieren, als Sie gewöhnlich sprechen. (Trotz Spracherkennung bleibt Zehn-Finger-Schreiben nützlich.)

Auf dem Bau sind Helme und Gehörschutz Pflicht. Beim Schreiben befiehlt die Vernunft **Pausen**, während derer Sie den Arbeitsplatz verlassen, um die Augen zu entlasten und den Körper zu lockern.

5.7 Zusammenfassung

Ablegen und Wiederverwerten

- ✓ Sorgfältig ablegen.
- ✓ Bestehendes neu kombinieren.

Zusammenarbeiten

- ✓ Langfristige Austauschbeziehungen aufbauen.

Lernen

- ✓ Bestmöglich schreiben, um besser schreiben zu lernen.
- ✓ Das eigene Schreiben reflektieren.
- ✓ Kritisch lesen und Vorbilder aufheben.

Optik

- ✓ Stark auf grafische Elemente setzen.
- ✓ Den Text strukturieren und auflockern.

Mann, Frau und Gender

- ✓ Die Möglichkeiten der genderneutralen Sprache nutzen, die zugleich elegant und klar ist, wie etwa den Plural.
- ✓ Insbesondere dort genderneutral formulieren, wo dies gesellschaftlich oder emotional wichtig ist.

Arbeitsplatz

- ✓ Geeignete Hardware und Software anschaffen.
- ✓ Pausen einlegen.

6. Besondere Textformen

Mit einem professionellen Schreibprozess haben Sie die besten Voraussetzungen für jede Textform. Entsprechend kurz sind die folgenden Hinweise zu Geschäftsbriefen, E-Mails, Angeboten, anderen vertragsrelevanten Texten, Protokolle, PowerPoint-Präsentationen, Web-Texten und Pressemitteilungen. Es geht nur darum, einige Besonderheiten hervorzuheben.

6.1 Geschäftsbriefe

„Sehr geehrter Herr Zahrnt, bezugnehmend auf unser geführtes Telefonat übersende ich Ihnen hiermit die gültigen Daten. Mit freundlichen Grüßen ...“ – das ist, im ungekürzten Zitat, das Hübscheste, was ich je von einer Versicherung erhalten habe.

Wie wäre es mit „Sehr geehrter Herr Zahrnt, unser ungeführtes Telefonat schon wieder vergessen habend übersende ich Ihnen die wie üblich ungültigen Daten“? Briefe eignen sich notorisch zur Parodie, sobald sie mit dem Formelapparat erstellt werden.

Zum Glück wird der „Knigge für die Geschäftskorrespondenz des 19. Jahrhunderts“ immer seltener verlangt. Nutzen Sie die Freiheit, um freundlich Verbindung aufzunehmen. Wenn Sie natürlich schreiben, klingt der Brief zum Beispiel so: „Guten Tag, Herr Zahrnt, vielen Dank für das gute Gespräch. Ich habe über Ihre Wünsche nachgedacht und sende Ihnen einige Vorschläge. Sie können sich mit Fragen wie immer gerne melden. Freundliche Grüße ...“

Verschwunden ist das „Sehr geehrte“, das niemand ehrt, weder Absender noch Empfänger. Was ist „Mit freundlichen Grüßen“? Wieder eine Formel. Manchmal bietet es sich an, stattdessen einen persönlichen Gruß zu schreiben. Das Wetter kann Thema sein – so sich Vertreter und Kunde zuvor darüber unterhalten haben. Aber vermeiden Sie, zwanghaft „Ich schicke Ihnen sonnige Grüße aus Berlin“ anzufügen. Haben Sie keinen passenden Bezugspunkt, schreiben Sie einfach „Freundliche Grüße“. Und vermeiden Sie MfG – das tut weh.

PS: Das PS ist veraltet. Schließlich können Sie am Computer Ergänzungen einfügen. Allerdings wird das PS beim flüchtigen Lesen besonders schnell und aufmerksam wahrgenommen. Bei werbenden Schreiben ist es daher der ideale Ort für eine gute Neuigkeit: „Übrigens, wenn Sie 5 Flaschen bestellen, erhalten Sie die 6. als Geschenk!"

6.2 E-Mails

Man behandelt E-Mails nicht genauso sorgfältig wie Briefe. Das weiß der Empfänger. Geben Sie sich dennoch Mühe, gute E-Mails zu schreiben.

Prüfen Sie, ob sich tatsächlich alle **Empfänger** im Verteiler mit der E-Mail befassen sollten. Überlegen Sie, ob die Vorgeschichte (der Rattenschwanz an weitergeleiteten E-Mails) für die Empfänger relevant ist. Machen Sie sich bewusst, dass Empfänger Anhänge oft öffnen müssen, um einzuschätzen, ob diese sie betreffen.

Verwenden Sie einen aussagekräftigen **Betreff**. Der Empfänger kann die Nachricht so leichter einschätzen und wiederfinden. Wenn Sie verschiedene Punkte behandeln, überlegen Sie, separate E-Mails zu schreiben. Das bietet sich insbesondere an, wenn die E-Mail vermutlich weitergeleitet wird.

Tendieren Sie wie bei Geschäftsbriefen zu einer freundlich-informellen **Anrede**, ohne flapsig zu sein. Lassen Sie sich nicht auf die angloamerikanische Unsitte ein, sich mit dem Vornamen als Anrede zu begnügen („Thomas, ich habe ein Problem ...") – das kühlt die Beziehung ab.

Bei E-Mails neigt man dazu, besonders wenig zu **strukturieren**. Man will ja nur kurz etwas mitteilen und dann wird es eben ein bisschen länger, und obendrein fehlt das vertraute Word-Menü ... Bedenken Sie, dass E-Mails überflogen werden – strukturieren Sie E-Mails also besonders deutlich. Gerade bei längeren E-Mails können Sie dafür Ihr normales Textprogramm verwenden und den Text danach in die E-Mail kopieren.

Rechnen Sie damit, dass Ihre E-Mail nicht bis zum Ende akribisch studiert wird. Platzieren Sie **wichtige Punkte** am Anfang. Verstecken Sie hinter dem Hauptanliegen keine anderen Themen, die der Empfänger überlesen könnte.

Halten Sie inne, sobald Sie „schicke ich", „sende ich", „im Anhang" oder Ähnliches schreiben (und sich Ihr E-Mail-Client vielleicht meldet) und fügen Sie den **Anhang** hinzu. Sie können ihn dann nicht mehr vergessen – und Sie brauchen nicht mehr daran zu denken.

Überlegen Sie vor dem Absenden auch, die **Rechtschreibeprüfung** laufen zu lassen. Manchen Empfängern ist das egal, für andere bedeuten Fehler abschätzige Schlampigkeit oder mangelnde Kompetenz.

Und noch ein Tipp: E-Mails sind fantastisch schnell – weswegen man fürchterlich viele E-Mails an einem Tag austauschen kann. Wenn keine besondere Eile angezeigt ist, sollten Sie Ihren E-Mail-Verkehr **entschleunigen**. Denken Sie nach, sammeln Sie Ihre Einfälle und schicken Sie eine Antwort nach einigen Stunden. Vielleicht hat sich die Sache bis dahin ohnehin erledigt. So landen auch in Ihrem Briefkasten weniger Kurz-E-Mails mit unausgereiften Ideen, Nachsätzen und Korrekturen.

6.3 Angebote

Welchen Eindruck soll ein Angebot vermitteln? Freundlich, das selbstverständlich, aber vor allem klar und selbstbewusst. Dann vertraut der Kunde Ihrer **Kompetenz**. Das können Sie im Text durch eine überzeugende Struktur und einen aktiven Stil vermitteln: mit vielen starken Verben, ohne Passiv und Verneinung. Widerstehen Sie der Versuchung, Hauptworte aneinanderzureihen, um Leistungen zu beschreiben. Und beseitigen Sie Fehler in Rechtschreibung und Zeichensetzung.

Gerade bei Angeboten für Projekte dominiert unversehens die technische Innensicht: Methoden, Ablaufoptionen, Erwartungswerte, Risiken. Betonen Sie vielmehr den **Kundennutzen**. Nicht marktschreierisch, sondern überzeugt. Und immer dem Kunden zugewandt, so dass der Kunde in Ihrem Leistungsversprechen erkennt, dass Sie ihn verstanden haben. Erwähnen Sie den Nutzen tendenziell zweimal, zu Beginn und zum Abschluss.

Verwenden Sie dabei die **Sprache des Kunden**. Aber kopieren Sie nicht einfach Passagen aus der Ausschreibung. Den besten Eindruck hinterlassen Sie, wenn der Kunde denkt: „Genau das habe ich gemeint. Die haben meine Botschaft verstanden und können sie auf den Punkt bringen."

6.4 Vertragsrelevante Texte

Für jeden Schriftverkehr, der im Streitfall rechtliche Bedeutung haben könnte, gelten besondere Vorsichtsregeln. Hierzu zählen Angebote, Pflichtenhefte, Protokolle – aber auch die Masse gewöhnlicher E-Mails bei externen Projekten.

- Vermeiden Sie **juristische Fachbegriffe** wie „Garantie" oder „bedingte Abnahme". Richter gehen davon aus, dass wer diese gewählt hat, sie auch im juristischen Sinne gemeint hat.
- Formulieren Sie **ausführlicher** und noch konkreter als sonst. Verwenden Sie noch konsequenter einheitliche Begriffe.
- Schreiben Sie **aktiv**: Wer soll was wie bis wann tun? Und passen Sie bei „wir" auf. Sollen Sie und Ihre Mitarbeiter etwas tun oder Sie und die andere Partei gemeinsam?
- Machen Sie Ihre **Position deutlich**. Warnen Sie nicht: „Der Termin könnte gefährdet sein", sondern: „Der Termin ist gefährdet".

6.5 Protokolle

Protokolle haben zwei Funktionen: (Manchmal) Rechtssicherheit zu schaffen und (immer) arbeitsrelevante Information festzuhalten und zu teilen. Das erfordert Konzentration auf das Wesentliche, übersichtliche Struktur und aktive, präzise Sprache. Stattdessen sind Protokolle oft Museen für zeremoniöse Umständlichkeit.

Vermeiden Sie Floskeln und Vorgangsbeschreibungen: „Herr Altvater eröffnet die Sitzung.", „Die Anwesenden diskutieren das Thema [das bereits aus der Überschrift hervorgeht].", „Der Vorstand stimmt einmütig zu.", „Weitere Wortmeldungen liegen nicht vor."

Beschränken Sie sich möglichst auf Ergebnisse sowie die entscheidenden Fakten und Argumente, die der Entscheidung zugrunde liegen. In aller Regel sollten Sie den Verlauf der Diskussion nicht dokumentieren („Herr Altvater fordert, dass ... Demgegenüber gibt Frau Kleinlich zu bedenken, dass ..."). Bei politisch heiklen Besprechungen können Sie die Positionen der Beteiligten zusammengefasst wiedergeben.

Bestimmen Sie, wer was bis wann erledigen wird. Üben Sie sich dabei nicht in Höflichkeit („Die Geschäftsstelle wird gebeten, einen entsprechenden Bericht zu erstellen."), sondern individualisieren Sie Pflichten („Frau Zukunft erstellt den Bericht bis ...").

6.6 PowerPoint

Zur Verwendung von PowerPoint gibt es zahlreiche Fachbücher. Hier nur einige Grundsätze:

- Menschen können sich **7 Elemente** (+/-2) kurzfristig merken. Beschränken Sie sich auf diese Zahl an Informationen pro Folie.
- Verwenden Sie nur **Schriftgröße** 24 aufwärts. Passt der Text nicht auf die Folie, versuchen Sie vermutlich, zu viel Information unterzubringen. PowerPoint dient den Zuhörern zur Verarbeitung, nicht Ihnen als Gedächtnisstütze.
- Halten Sie die Folien **schlicht**. Die Form dient der Funktion – vermeiden Sie Spielereien und Protz. Setzen Sie Farben ein, um die Struktur zu verdeutlichen.
- Nutzen Sie passende **Bilder**, um Emotionen hervorzurufen und den Zuhörern zu helfen, sich Information einzuprägen. Aber bebildern Sie nicht wahllos, um die Präsentation aufzuhübschen.

6.7 Web-Texte

Die Texte im Internet und die Seiten, auf denen sie stehen, unterscheiden sich so radikal, dass sich nur wenig Allgemeines sagen lässt. Das Wenige kann allerdings sehr wichtig sein:

- Die **Aufmerksamkeit** der Leser ist oft geringer. Schreiben Sie besonders einfach und halten Sie Texte kürzer, als Sie dies auf Papier tun würden.
- Nutzen Sie verstärkt **Bilder**. Das Internet macht das leicht, und die Nutzer erwarten es.
- Stellen Sie sich auf das **Layout** ein. Sie können den Text in Powerpoint verfassen, um die optische Wirkung des Web-Texts zu simulieren.
- Wenn der Text über **Suchmaschinen** gefunden werden soll, sollten Sie sich Gedanken über die Schlüsselwörter machen, die Ihre Leser eingeben. Verwenden Sie diese Wörter häufig, möglichst auch in Titel und Zwischenüberschriften. Mehr dazu finden Sie unter „Search Engine Optimization“ im Internet.

6.8 Pressemitteilungen

Journalisten sind verwöhnt. Die Welt hofiert sie. Und das mit solcher Hartnäckigkeit, dass man auch sagen kann: Journalisten sind arm dran. Ständig überladen und gehetzt.

Daraus folgt, dass Sie **es Journalisten einfach machen** müssen. Liefern Sie alle wesentlichen Informationen, Journalisten haben keine Lust nachzurecherchieren. Halten Sie sich zugleich kurz – eine Seite genügt. Und strukturieren Sie diese Seite so, dass die Journalisten schnell die Relevanz der Mitteilung erkennen. Das Wichtigste also nach vorne.

Betonen Sie dabei das **Besondere**, die Veränderung, schließlich wollen Journalisten die Leser nicht damit langweilen, dass alles beim Alten geblieben ist – so dramatisch die Missstände sein mögen.

Und bieten Sie den Journalisten Stoff für eine interessante **Story**: Bezüge zu aktuellen Themen (sogenannte Aufhänger), ungewöhnliche Perspektiven, herzhafte O-Töne und knackige Formulierungen. Wenn Journalisten die Pressemitteilung lesen, sollen sie nicht denken: „Wie kann ich daraus bloß einen Artikel machen?“, sondern „So könnte ich es aufziehen, oder so, oder ich stelle das nach vorne ...“

Ein letzter Tipp: Journalisten sind scharf auf gute **Bilder**.

6.9 Zusammenfassung

Geschäftsbriefe

✓ Persönlich statt formelhaft ansprechen.

E-Mails

✓ Sorgfältig sein bezüglich Empfängern, Betreff, Anrede und Anhängen.

✓ Alle wesentlichen Informationen am Anfang erwähnen.

✓ Besonders übersichtlich strukturieren.

✓ E-Mail-Verkehr entschleunigen.

Angebote

✓ Durch Struktur und Stil Kompetenz vermitteln.

✓ Den Kundennutzen betonen.

✓ Die Sprache des Kunden intelligent aufnehmen.

Vertragsrelevante Texte

✓ Noch ausführlicher, konkreter und aktiver formulieren.

✓ Positionen deutlich machen.

Protokolle

✓ Auf Floskeln und Vorgangsbeschreibungen verzichten.

✓ Präzise Entscheidungen und Aufgaben dokumentieren: Wer macht was bis wann?

Powerpoint

✓ Wenig und groß schreiben.

✓ Folien schlicht halten und passend bebildern.

Web-Texte

✓ Kürzer und bilderreicher!

✓ Eventuell für Suchmaschinen optimieren.

Pressemitteilungen

✓ Alles auf einer Seite liefern – und Bilder dazu.

✓ Das Besondere hervorkehren und story-reif verpacken.

7. Rückblick & Ausblick

Ich habe Sie bis hierher von **Aufgaben** verschont. Tun Sie sich den Gefallen und nehmen Sie sich jetzt einige Minuten, um zwei Fragen zu beantworten. Vielleicht wollen Sie dafür ein Dokument anlegen, in dem Sie ab und an Ihre Reflexionen eintragen.

1. Wie schätze ich meinen Schreibprozess ein? Was will ich daran verbessern?

2. Wie schätze ich meine Texte ein? Was will ich daran verbessern?

Beobachten Sie sich in den nächsten Tagen beim Schreiben besonders aufmerksam: Stimmt Ihre Selbsteinschätzung? Wie gut gelingt es Ihnen, die Vorsätze umzusetzen?

Und lassen Sie das Buch nicht gleich im Regal verschwinden. Nehmen Sie sich in ein oder zwei Wochen die Zeit, es durchzublättern und den Rat mit Ihrer Praxis zu vergleichen.

Zusammenfassend **mein Credo zum Schreiben**. Der erste Punkt handelt von guten Texten – die anderen neun davon, wie man zu ihnen gelangt.

1. Wenn es denn ein einziges Kriterium sein müsste, dann: **Klarheit**! Dafür gibt es mehrere Argumente – hier zwei interessante. Zum einen nehmen Leser klare Texte als angenehm wahr: Kognitive Leichtigkeit, wie die Psychologen es nennen, schafft Sympathie. Zum anderen verleiten unausgegorene Texte zu übermäßiger Vereinfachung. Gegen das implizite „So recht blick ich auch nicht durch“ wird explizit angeschrieben: „Alles ist einfach und ich weiß, wo es langgeht.“ Klare Texte hingegen erlauben inhaltliche Differenzierung, ohne den Leser zu überfordern oder abzustoßen. Sogar Einschränkungen und Bedenken finden in klaren Texten ihren Platz.

2. Schreiben ist **mehr als Formulieren**. Wenn man Texte gut vorbereitet und konzipiert hat und weiß, wie man sie anschließend systematisch überarbeitet, ist Formulieren einfach.

3. Bei der Angst vor der leeren Seite und sonstigen **Schreibblockaden** sind keine ominösen Kräfte in der Tiefe unseres Unterbewussten am Werk, mit denen wir uns auf der Couch eines Therapeuten auseinandersetzen müssten. Sie resultieren schlichtweg daraus, dass wir unvorbereitet drauflosschreiben und dennoch auf einen Ruck das perfekte Ergebnis erwarten. Entsprechend bekommen wir diese Probleme auf dem Bürostuhl in den Griff, indem wir den Schreibprozess in allen vier Schritten bewusst gestalten. Das lässt sich mit Ehrlichkeit und Disziplin erreichen.

4. Das Formulieren allein schärft Ihre Gedanken kaum. Machen Sie aus der Texterstellung ein **Denkwerkzeug**, indem Sie beim Vorbereiten, Entwerfen und Überarbeiten über die Inhalte nachdenken.

5. Ein professioneller Schreibprozess **spart Zeit**. Durch die Vorbereitung sparen Sie Zeit, da Sie nebenbei Ideen und Material sammeln und anschließend (relativ) ungestört und stressfrei schreiben. Besonders viel Zeit sparen Sie durch das gründliche Entwerfen der Texte. Denn wer Texte ohne Konzept formuliert, braucht dafür länger und muss danach erheblich mehr überarbeiten. Und zum Schluss sparen Sie noch einmal Zeit, wenn Sie den Text nicht auf gut Glück einige Male durchlesen, sondern ihn methodisch verbessern.

6. Texte **reifen** langsam. Geben Sie sich der Freude über Ihren Geniestreich hin – und seien Sie nicht niedergeschlagen, wenn dem Text der Glanz über Nacht abhandenkommt. Seien Sie misstrauisch, wenn er noch immer glänzt.

7. **Zusammenarbeit** zahlt sich aus. Wer sich von Anfang an mit anderen austauscht, hat mehr Ideen, schreibt ausgewogener und verrennt sich seltener. Unentbehrlich ist die Meinung Dritter beim Überarbeiten. Immer wieder entdecken andere eklatante Mängel und exzellente Möglichkeiten, für die der Schreibende blind geworden ist.

8. Der optimale Schreibprozess ist **individuell und situativ**: kein Korsett, das uns einengt, sondern eine Garderobe, aus der wir

uns je nach Anlass eindecken. Wir dürfen alles wagen – bloß sollten wir wissen, was wir tun.

9. Denken Sie an Ihre **Botschaft** und spüren Sie, wie wichtig diese Ihnen ist. Denken Sie an die Leser, spüren Sie Ihren Wunsch, sich diesen Lesern mitzuteilen. Und überlegen Sie erst dann, wie Sie den Lesern die Inhalte vermitteln: freundlich, entspannt, lebhaft – wie im Gespräch.

10. Gute Gebrauchttexte zu schreiben, erfordert kein besonderes Talent. Jeder kann es **lernen**, wenn er sich die Grundlagen bewusst macht und dann wieder und wieder sein Bestes gibt.

In diesem Ratgeber habe ich jahrelange Erfahrung zusammengeführt. Dennoch entwickelt er sich weiter, auch dank der Hinweise der Leser. Ich freue mich auf Ihre Kommentare und Ihre Leser-Rezensionen auf Amazon und an anderen Orten im Internet – und wünsche Ihnen viel Erfolg beim Schreiben!

Literaturempfehlung

Norbert Franck. *Schreiben wie ein Profi.* Bund-Verlag, 2011. Ein freundlicher, pfiffiger Ratgeber mit schönen Beispielen.

Inghard Langer, Friedemann Schulz von Thun, Reinhard Tausch. *Sich verständlich ausdrücken.* Reinhardt, 2011. Der Klassiker der deutschen Verständlichkeitsforschung.

Wolf Schneider. *Gewönne doch der Konjunktiv! Sprachwitz in 66 Lektionen.* Rororo, 2009. Kondensierter Sprachgenuss aus Schneiders Büchern über das Schreiben.

Kurt Tucholsky. *Sprache ist eine Waffe: Sprachglossen.* Rororo, 2007. Der anti-autoritäre Befehl zum besseren, bissigeren Formulieren.

Christoph Zahrnt. *Geschäftliche Texte erstellen, insbesondere im Zusammenhang mit Verträgen.* Amazon, 2014. Rat zum rechtlich sicheren Formulieren von einem erfahrenen Anwalt.

Danksagung

Ich danke allen, mit denen ich an Texten gearbeitet habe, allen voran den Zahrnts: Angelika, Christoph, Christine und ganz besonders Dominik für unsere Diskussionen, aus denen wichtige Vorläufer dieses Ratgebers hervorgegangen sind. Manuel Charisius hat das Manuskript klug kommentiert. Das nüchtern-eindrucksvolle Cover stammt von Ruben Mühlenbruch.

Kontakt

Sie erreichen mich am einfachsten per E-Mail: info@professionell-schreiben.de.

Einige Übungsaufgaben mit Lösungen finden Sie auf www.professionell-schreiben.de.

Der Ratgeber konzentriert sich auf jene trainierbaren Denkfähigkeiten, die für Führungskräfte und Selbständige in Wirtschaft, Verwaltung und Zivilgesellschaft erfolgsentscheidend sind.

Denken Sie

… flexibel: Gehen Sie auf die Anforderungen der jeweiligen Aufgabe optimal ein!

… kritisch: Entdecken und vermeiden Sie Denkfehler – bei sich und anderen!

… systemisch: Erfassen Sie alle für den langfristigen Erfolg wesentlichen Zusammenhänge!

… kreativ: Schärfen Sie Ihren Möglichkeitssinn und entwickeln Sie starke Ideen!

… achtsam: Lenken Sie Ihre Aufmerksamkeit wertungsfrei auf das Jetzt – und denken Sie so konzentrierter und effizienter!

7078316R00055

Printed in Germany
by Amazon Distribution
GmbH, Leipzig